斉藤謠子
私のキルト

patchwork quilt with my pleasure

日本ヴォーグ社

はじめに

キルト作りをずっと続けてきましたが、年齢と共に色の好みも変わってきているように感じます。今回の本では、でき上がった作品をあらためて見直してみると、明るめの色が多くなってきたようです。少しビビットな色も増えたでしょうか。また、近頃はアップリケの作品が多くなってきているのですが、ピースワークもやっぱり楽しいですね。シンプルな幾何学模様の組み合わせのくり返しが、縫っていてとても楽しかったです。この本では小ぶりのサイズのタペストリーを紹介していますが、同じデザインでベッドカバーサイズのものもいつか作ってみたいと思います。

バッグには、パッチワークもキルティングもしない一枚布で仕立てたものも加えました。少し厚手の生地を使い丈夫に仕上げています。このような布はキルトには使いづらいと思われていたのですが、裏布に使うとキルティングの陰影が表側にきれいに出ます。これまでは厚手の布というと先染めを用いることが多かったのですが、目先を変えて楽しんでみるのもいいと思います。バッグの裏布に使うのもおすすめです。形がしっかりし、キルトもきれいに出ますし、何よりバッグを開けた時に楽しい気分になります。自分では意識しなくても、私のキルトも日々、少しずつ変わってきているのだと思います。皆さんも自分の変化を楽しんで作り続けてください。

斉藤謠子

 この本に関する質問は
お電話またはWEBで

書名／斉藤謠子 私のキルト
本のコード／70401
担当／石上
Tel.03-5261-5083(平日13時〜17時受付)
Webサイト「日本ヴォーグ社の本」
http://book.nihonvogue.co.jp/
サイト内〈お問い合わせ〉からお入りください(終日受付)。
(注)Webでのお問い合わせはパソコン専用となります。

★本書に掲載の作品を複製して販売(店頭、ネットオークション等)することは禁止されています。
手づくりを楽しむためにのみご利用ください。

もくじ

- 01 麦穂のワンハンドルバッグ　p.006
- 02 小鳥と樹木の2WAYバッグ　p.008
- 03 三角つなぎのミニポーチ・鳥のミニポーチ　p.010
- 04 ウッドハンドルのまあるいバッグ　p.012
- 05 花と花冠のキルト　p.014
- 06 石模様のショルダーバッグ　p.016
- 07 ハートと鳥のラウンドバスケット　p.018
- 08 ふっくら鳥のファスナーポーチ　p.020
- 09 花モチーフのウッドハンドルバッグ　p.022
- 10 ミニマルシェバッグ　p.024
- 11 四角つなぎのバニティケース　p.026
- 12 花かごのミニキルト　p.028
- 13 花いっぱいのバッグ　p.030
- 14 スクエアミックスのタペストリー　p.032
- 15 タック入りグラニーバッグ　p.036
- 16 シンプルエコバッグ　p.037
- 17 横長ミニボストン　p.038
- 18 糸巻きと花の持ち手つきポーチ　p.040
- 19 たっぷりまちのショルダーバッグ　p.042
- 20 フラップつきショルダーバッグ　p.044
- 21 外ポケットつきボストンバッグ　p.046
- 22 丸底のスタンドペンケース　p.048
- 23 木々のメモパッドケース　p.049
- 24 ネコとイヌのワンハンドルポーチ　p.050
- 25 動物アップリケのカードケース　p.052

キルト作りのために知っておきたいこと　p.054

作品の作り方　p.057

01
›› p. 058

麦穂のワンハンドルバッグ

まっすぐに伸びた麦の穂は持ち手にまでつながりました。
素朴ですがひたむきな様子が絵になります。

02
›› p. 060

小鳥と樹木の2WAYバッグ

一本の木にひっそりととまった青い鳥。
余白をいかして格子にキルティングを刺しました。
持ち手は2種類つけました。

03
›› p. 062

三角つなぎのミニポーチ・鳥のミニポーチ

小さなポーチはパッチワークとアップリケの2種類。
ファスナーの色合わせも楽しみました。

04
›› p. 064

ウッドハンドルのまあるいバッグ

線と丸の幾何学模様がすっきりとモダンな印象に。
本体にチェックの布をはさんでまあるい形を出しました。

花と花冠のキルト

青い花は空想の花。いくつもつないで幻想的なデザインに。
ベースの生地に葉が舞うプリントを使い奥行きを出しました。

石模様のショルダーバッグ

まるで異国の石畳のようなアップリケ。
ショルダーバッグにしたので旅気分で持ち歩いてみては。

ハートと鳥のラウンドバスケット

ハートを囲んだ鳥たちが幸せを運んできてくれそうです。
厚地接着芯と中敷きを入れてしっかりめに仕立てました。

ふっくら鳥のファスナーポーチ

タブをくちばしに、持ち手をしっぽに。鳥の形のポーチは何を入れましょうか？

09
>> p. 072

花モチーフのウッドハンドルバッグ

フォークアートの香りのする素朴なアップリケ。
土台のキルティングは籠目模様に刺しました。

10

›› p. 074

ミニマルシェバッグ

カーブしたピースにだけ濃い色の布を使ったパターンはシンプルながら効果的。
持ち手をつまむようにくるんでつけて、ふっくらとした形を出しました。

四角つなぎのバニティケース

しっかりした形に作ったので収納力は抜群です。
ファスナーの引手や、タブなど、細部もこだわってつけました。

花かごのミニキルト

楚々としたかわいらしい花たち。
幾重にも重なる円のキルティングラインがリズムを奏でているようです。

花いっぱいのバッグ

立体の花をスカラップの袋口に飾りました。まるで野の花のブーケのようですね。

スクエアミックスのタペストリー

四角の連続模様が浮かび上がって見えるよう、2色づかいで作りました。
遠目で見るとアップリケのように見えますが、すべてピースワークです。

15 タック入りグラニーバッグ

›› p.084

個性的な布ははぎ合わせもキルティングもなしで使います。柔らかく持ちたいバッグにはちょうどいいですね。

16 シンプルエコバッグ

›› p. 085

使わない時は折りたためるよう、裏布なしの一枚布で仕立てました。

17
›› p. 086

横長ミニボストン

小さ目のサイズのボストンバッグは一枚布で。
ポケットもファスナーもしっかりとつけて実用的です。

糸巻きと花の持ち手つきポーチ

ポーチとしても、クラッチバッグにもなる少し大きめサイズで作りました。
持ちやすいように持ち手を少しずらしてつけています。

19

›› p.090

たっぷりまちのショルダーバッグ

オレンジピールのパターンは、ぽってりと丸い形のバッグと相性はぴったり。
まちもたっぷりとっています。

フラップつきショルダーバッグ

ダークカラーの落ち着いたショルダーバッグですが、
フラップを留めるひねり金具がワンポイントです。

21
›› p. 094

外ポケットつきボストンバッグ

ボストンバッグはパーツが多いですが
それぞれを丁寧に作り組み立てると満足のいくものができ上がります。
このバッグはたっぷり入るポケットがお気に入りです。

22

›› p.096

丸底のスタンドペンケース

自立できるペンケースは使い勝手がいいですね。
手芸道具を入れてもいいと思います。

木々のメモパッドケース

普通のノートも布ケースに入れると持つのも楽しくなります。
木をテーマに前側はパッチワークで、後側は刺しゅうにしました。

23
›› p.098

24
›› p. 100

ネコとイヌのワンハンドルポーチ

散歩に持って歩けるような持ち手つきのポーチ。
持ち手は取りはずしができるので、
バッグにかけるなど、いろいろな使い方が楽しめます。

25

›› p. 102

動物アップリケのカードケース

ICカードなどの出番が多くなってきたので好きな動物たちで作りました。
取り出し口をギザギザにしてひと工夫。

キルト作りのために知っておきたいこと

主に使用する道具を紹介します。

パッチワークキルトに使う用具

❶**定規** 製図や型紙作り、布に線を引く時に使います。方眼や平行線の入ったパッチワーク用のものが長短あると便利です。

❷**文鎮** アップリケをする時やフープに入らない小さなサイズのキルティングをする時に、重しとして使います。持ち手つきの文鎮だと移動しやすいです。

❸**パッチワークボード** 片面にやすりとセーム革を張り、反対側の面ではアイロンが掛けられるパッチワーク専用のボード。大きなサイズが使い勝手がいいです。

❹**紙切り用はさみ** 紙を切るためのはさみ。グリップが大きくて、刃が薄いものがおすすめです。

❺**布切り用はさみ** 布を切るためのはさみ。グリップが大きくて軽いものを選ぶと、手が疲れにくくておすすめです。

❻**糸切り用はさみ** 糸を切るためのはさみ。つかみやすくて離しやすい、グリップの大きなものがおすすめです。はさみは用途に合わせて使い分けると長持ちします。

❼**シームオープナー** 縫い代を倒し、折り目をしっかりつけたり、開いたりするための道具。いちいちアイロンをかけなくてもすみます。

❽**アップリケヘラ** アップリケの曲線部分の縫い代を倒すのに使います。小回りがきく小さなサイズが便利です。

❾**印つけペン** 布に印をつけるためのペン。白っぽい生地には黒色を、黒っぽい生地には白色を使い分けると便利です。

❿**カーブ目打ち** 縫い目をほどいたり、ポーチやバッグなどの角を出したり、ミシンで縫う際、布がずれないように抑えるためにも使います。

⓫**目打ち** 細かいパーツに使用する細い針のものです。

⓬**スティックのり** まち針やしつけの代わりに仮止めをするのに使います。

⓭**糸通し** 針と糸をセットすると針に糸が通る便利な道具です。

⓮**指ぬき** ピースワークの際、針を押すのに使います。

⓯**金属製シンブル** キルティングの時に使用。金属製なので針を押したりする際にも指先を痛めません。

⓰**革製シンブル** すべり止めのために金属製シンブルの上に重ねたり、アップリケの時など指を保護するために使います。

⓱**陶器製シンブル** キルティングの際、針先を受けて押し上げるためのシンブルです。

⓲**リングカッター** 針を持たない手の親指に刃を上に向けてはめて、糸を切ります。糸を切る際、はさみを持たなくてもいいので便利です。

⓳**ラバーシンブル** 針をしっかりつかんで引き抜くために使います。

⓴**スプーン** しつけをかける際、針先を受けて使います。プラスチック製のものがしなって使いやすいです。

㉑**プッシュピン** しつけをかける際、板や畳の上にキルトを置き固定するのに使います。

㉒**刺しゅう枠** 刺しゅうする布にはめて使う枠です。外側にねじがないのではめやすく便利です。

㉓**キルティングフープ** 大きな作品をキルティングする際に使います。

パッチワークキルトの用語集

針（実物大）

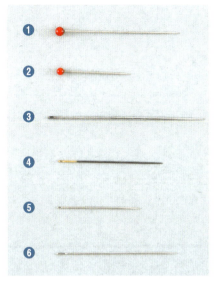

❶ **まち針** 布を仮止めするための針です。ピースワークやさまざまな用途に使います。
❷ **まち針** アップリケ用。アップリケには短いまち針が使いやすくて便利です。
❸ **しつけ針** しつけに使う長く太い針です。
❹ **アップリケ針** ピースワークとアップリケに使う細く針がとがった針です。
❺ **キルティング針** キルティングに使う短くしなやかな針です。
❻ **刺しゅう針** 刺しゅうをする時に使います。使用する糸の太さや本数により使い分けます。

糸

しつけ糸 キルトで使うしつけ糸は、短い距離を縫うことが多いのでかせになっている洋裁用のものよりも巻いてあるタイプのものが便利です。
縫い糸 ピースワークは60番の糸を使用しています。
キルティング糸 キルティングは縫う布の色に合わせて色を選ぶと仕上がりがきれいに見えます。

あ

合い印 2枚以上の布や型紙を合わせる際、ずれないようにつけておく印。カーブのあるパターンを縫う際などに必要です。
アップリケ 土台となる布の上に、切り抜いた布を置いてまつりつける手法のこと。
当て布 キルティングをする際に、表布を重ねたキルト綿の下に当てる布。裏布と同じ役目ですが、キルティング後に中袋や裏布をつけて仕立てるバッグなどは表から見えなくなるため、こう呼ばれています。
いせ込み いせは平面の布を立体的に形づくるための技法。縫い代をぐし縫いして縫い縮めて形を作ります。
裏布 キルトの裏側に使う布。
奥たてまつり まつり方の技法の一つで針を縦に入れて針目が見えないように奥をまつること。
落としキルト アップリケやピースの縫い目の際に入れるキルティングのこと。
表布 ピースワークやアップリケなどの技法で作られた、作品の表になる布。

か

返し縫い 一針進めて一目戻る縫い方。
風ぐるま 縫い止まりでピースワークした後で、重なった縫い代を風車のように一方方向に倒す方法。ヘクサゴン（六角形）をぐし縫いでつなぐ場合などに使います。
片倒し ピースワークをした2枚の縫い代をどちらか片側に倒すこと。
きせをかける 縫い代を倒す際、縫い目より余分に折ること。
キルティング 表布、キルト綿、裏布の三層を重ねてしつけをかけ、一緒に刺し縫いすること。
キルト綿 表布と裏布の間に入れる芯のこと。
ぐし縫い 運針（ランニングステッチ）とも呼ばれる基本的な縫い方。
口布 袋やポケットなどの口部分に使う布。
コの字とじ 返し口を閉じる際などに使う縫い方。生地に対して針を垂直にして縫い進める。

さ

しつけ 本縫いの前にゆがみやズレが生じないように、仮に粗く縫い合わせておくこと。
接着キルト綿 アイロンで直接布に貼ることのできるキルト綿。片面接着、両面接着がある。
接着芯 不織布などで作られた、アイロンで直接布に貼ることができる芯。バッグの底やまちに使って形を安定させます。

た

裁ち切り 縫い代をつけずに表示された寸法通りに布を裁つこと。
タック 形を作るために布の一部をつまむこと。
タブ ポーチやバッグなどにつける、つまみひものこと。
玉結び・玉止め 縫い始めは玉結び、縫い終わりは玉止めといい、糸端に結び玉を作り、糸を留める方法。
土台布 アップリケや刺しゅうなどをする場合に土台となる布のこと。

な

中表 2枚の布を縫い合わせる際に、表同士が内側になるように合わせること。
縫い切り ピースを縫う際、縫い線の端から端までを縫う方法。
縫い代 布を縫い合わせる際に必要な布幅のこと。
縫い止まり ピースを縫う際、縫い線の印から印までを縫う方法。

は

バインディング 縁の始末の方法で、周囲をバイアス布や横地の布でくるんで始末する方法。
パターン キルトトップを構成する図案のこと。
ピース 「一片、一枚」の意味で、カットした布の最小単位のこと。
ピースワーク ピース同士を縫い合わせること。
ボーダー 「へり、縁」の意味で、外まわりに額縁のように縫いつけた別布のこと。

ま

巻きかがり 布端をらせん状に巻くようにかがる縫い方のこと。
まち バッグに厚みを持たせるように縫われた部分のこと。
見返し 布端の始末や補強のために用いられる布。

055

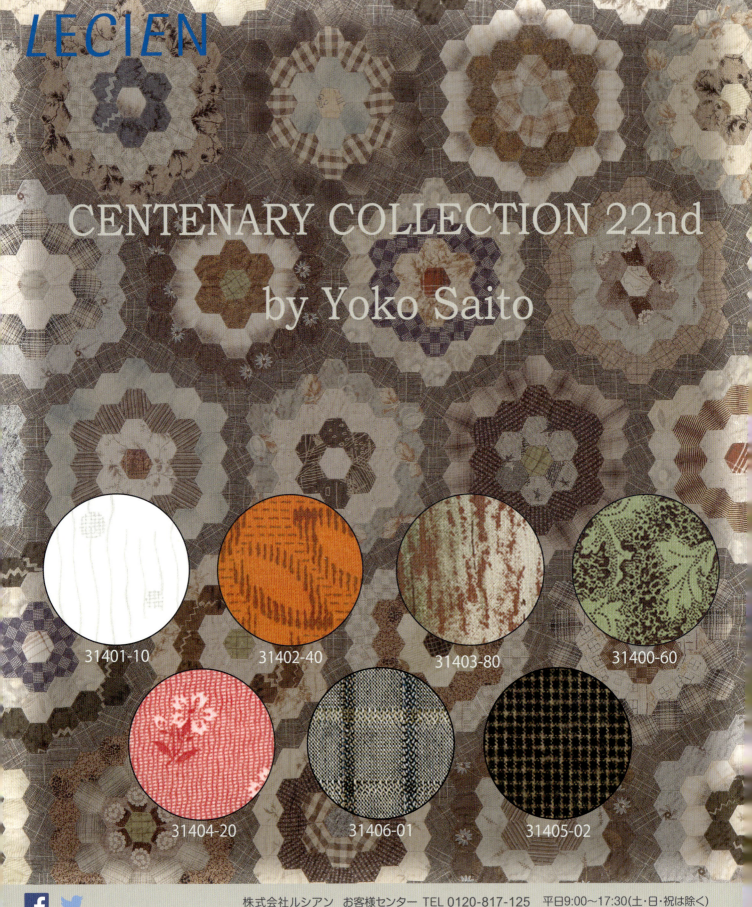

作品の作り方
HOW TO MAKE

- 図の中の寸法の単位はすべてcmです。
- 作り方図や型紙には縫い代が含まれていません。
  裁ち切り（＝縫い代込みまたは必要なし）などの指定がない場合、
  すべてピースワークは周囲に縫い代0.7cm、アップリケは0.3cmをつけて布を裁ちます。
- 作品のでき上がり寸法は製図上のサイズで表示しています。
  縫い方やキルティングによって寸法が変わる場合があります。
- キルティング後はでき上がりサイズよりも多くの場合、多少の縮みがあります。
  キルティングが終わったら再度寸法を確認して次の作業にかかるとよいでしょう。
- バッグの仕立てや一部のキルティングにミシンを使っていますが、
  手縫いで作ることもできます。
- 刺しゅうの基礎は79ページを参照してください。

01 麦穂のワンハンドルバッグ ›› p.006　実物大型紙　巻末A面

[材料]
アップリケ用布…スクラップ布を使用(底を含む)、本体A…薄茶プリント50×40cm、本体B…グレーチェック50×40cm、裏布…ベージュチェック(内ポケット・サイドポケットを含む)110×70cm、キルト綿100×50cm、当て布20×20cm、厚地接着芯30×15cm、薄地接着芯40×10cm、両面接着シート15×15cm、25番刺しゅう糸各色各適宜

[作り方]
1 アップリケ、刺しゅうをして本体A表布を2枚作る。
2 1、本体B表布、サイドポケットにそれぞれキルト綿・裏布を重ねて縫い、キルティングする。
3 本体A2枚の持ち手部分を縫い合わせて持ち手裏布をまつる。内ポケットを作って仮止めする。
4 本体Bにサイドポケットを仮止めする。
5 3と4を合わせて脇を縫い、縫い代の始末をする。
6 底表布にキルト綿・当て布を重ねてキルティングし、本体と縫い合わせ、底裏布をまつる。

[配置図]

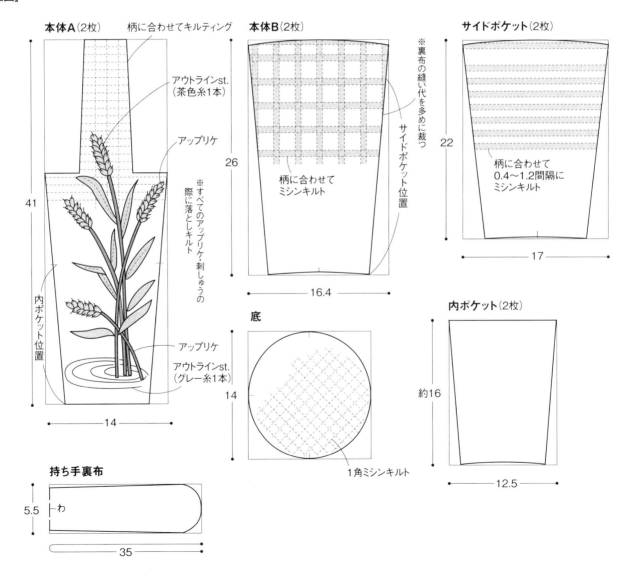

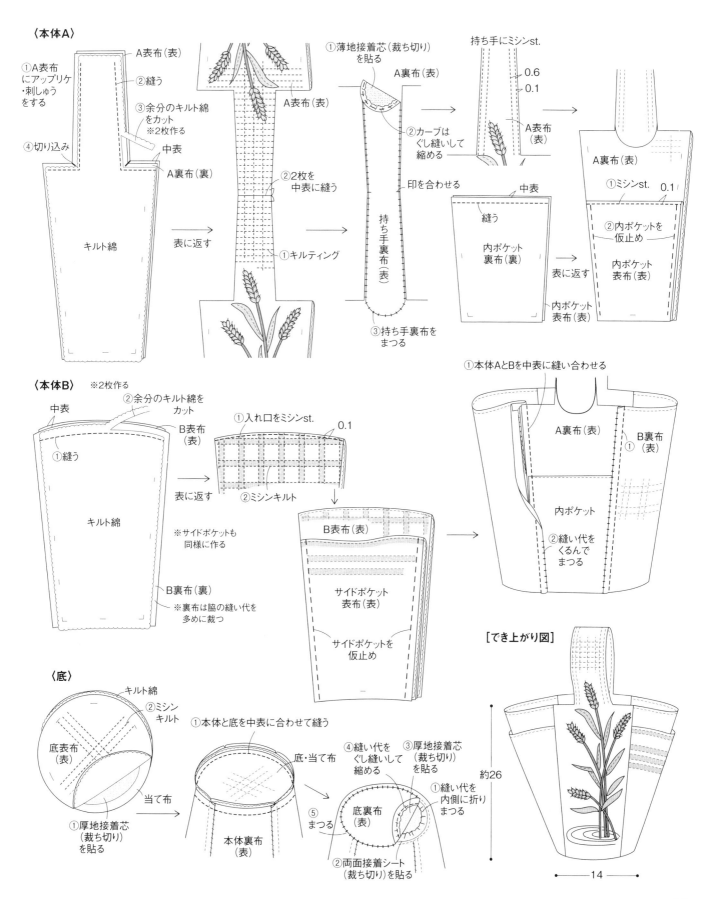

02 小鳥と樹木の2WAYバッグ　>> p.008　実物大型紙　巻末A面

[材料]
パッチワーク・アップリケ用布…スクラップ布を使用、本体表布…グレーチェック・ベージュチェック各50×40cm、口布表布と裏布・ショルダー…グレーツィード風(くるみ布含む)70×20cm、裏布・キルト綿各90×40cm、幅3cmテープ65cm、直径2cmマグネットボタン1組、縫い代始末用バイアス布2.5×80cm、接着芯65×5cm、25番刺しゅう糸各色各適宜

[作り方]
1 パッチワーク、アップリケ、刺しゅうをして本体表布を2枚作る。
2 1にそれぞれキルト綿・裏布を重ねてカーブ部分を縫う。表に返してキルティングする。
3 本体2枚を合わせて脇、底、まちを縫い、縫い代の始末をする。
4 ショルダーを作る。
5 本体袋口に口布をつける。
6 口布にショルダーを重ね、縫い代を始末する。

[配置図]

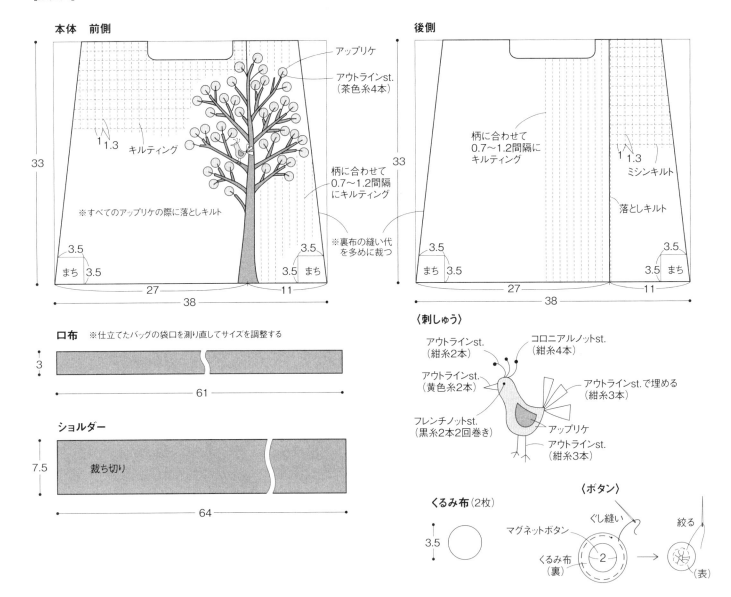

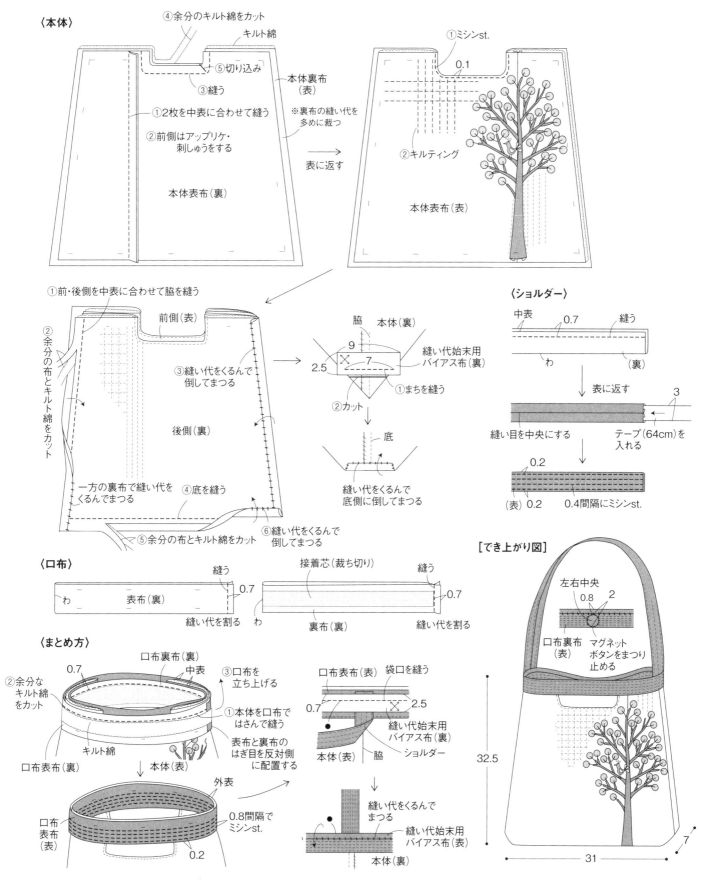

三角つなぎのミニポーチ・鳥のミニポーチ　›› p.010　実物大型紙　巻末A面

[材料]（1点分）
土台布・パッチワーク・アップリケ用布…スクラップ布を使用（ファスナー端布を含む）、裏布・キルト綿各20×20cm、フリースタイルファスナー32cm、スライダー1個、25番・5番刺しゅう糸各色各適宜

[作り方]
1 Aは土台布にアップリケ、刺しゅうをして前・後側表布を、Bはパッチワークをして前側表布を作る。
2 1にそれぞれキルト綿・裏布を重ねて縫い、キルティングする。
3 前・後側を縫う。
4 袋口にファスナーをつけ、スライダーを入れて端を始末する。

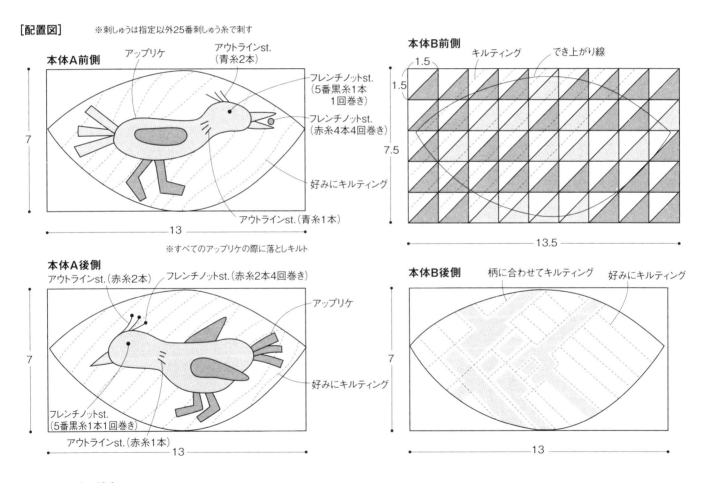

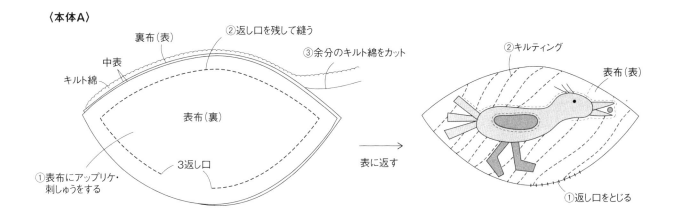

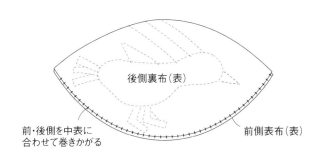

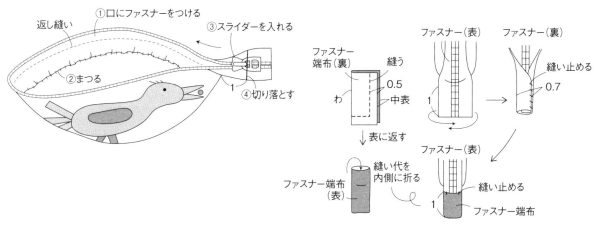

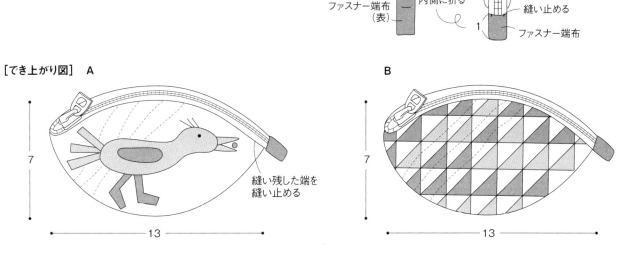

ウッドハンドルのまあるいバッグ ›› p.012　実物大型紙　巻末A面

[材料]
パッチワーク・アップリケ用布…グレー葉プリント110×30cm・スクラップ布を使用(ひだ・持ち手つけ布を含む)、底・口布・バインディング布…グレーストライプ70×30cm、裏布80×60cm、当て布25×20cm、キルト綿80×70cm、内径14.5cm木製持ち手1組、厚地接着芯30×25cm、両面接着シート25×15cm

[作り方]
1 パッチワークとアップリケをして前側A・B・A'表布を作る。
2 1と後側にそれぞれキルト綿・裏布を重ねてキルティングする。
3 各パーツにひだを重ね、バインディングをしながらつなげる。前側と後側を作る。
4 前側と後側を合わせて脇を縫い、縫い代を始末する。
5 1と底を縫い合わせ、底裏布をまつる。
6 本体に口布をつける。
7 持ち手をつけて縫い代を始末する。

[配置図]

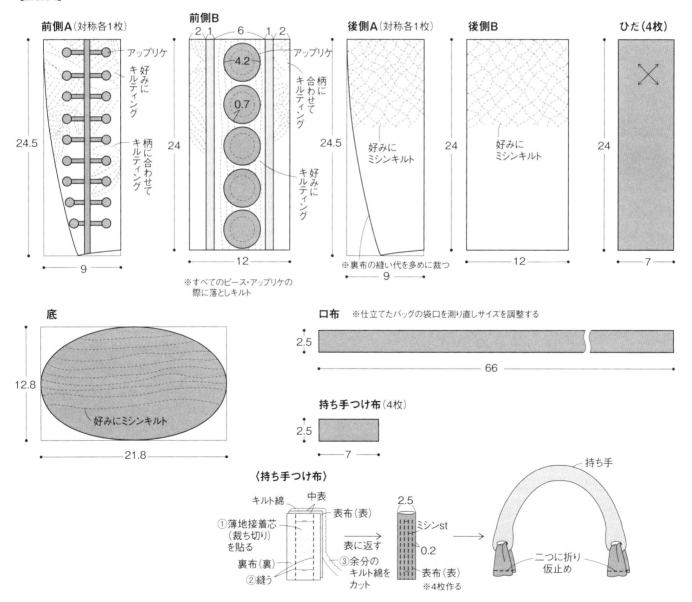

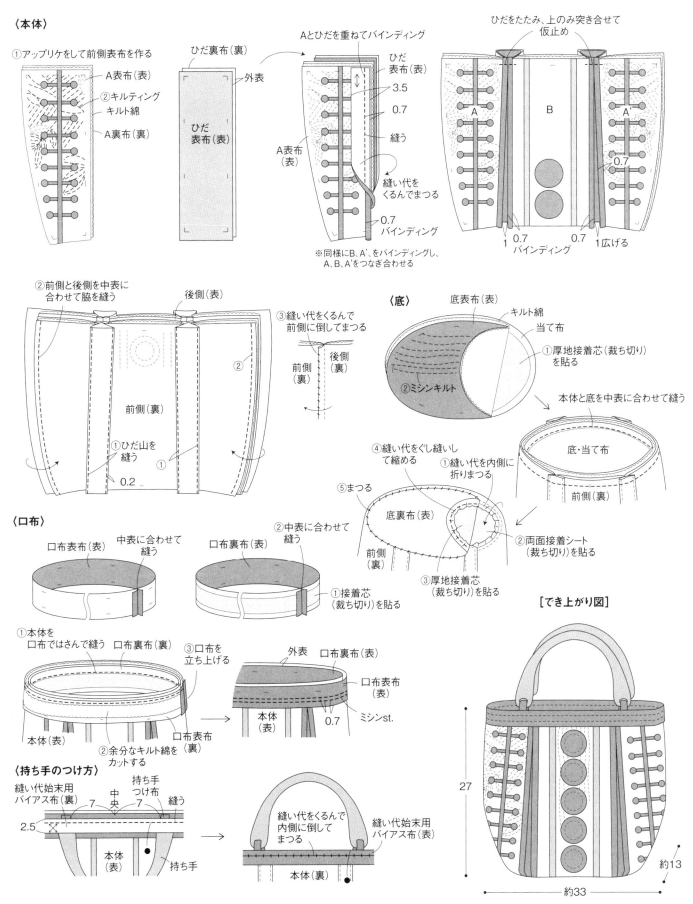

06 石模様のショルダーバッグ　›› p.016　実物大型紙　巻末A面

[材料]
本体…グレーチェック(ショルダーつけ布を含む)110×50cm・アップリケ用布…スクラップ布を使用(タブを含む)、ひも布(バイアス)…グレーチェック3×160cm、裏布・キルト綿各70×40cm、34cm丈ファスナー1本、幅3cmグレーテープ160cm、4cm幅送りカン・楕円カン各1個、ワックスコード(細)10cm、直径3cmリング1個、縫い代始末用バイアス布幅2.5×200cm、接着芯50×25cm

[作り方]
1 ショルダーひもを作る。土台布にアップリケをして前側表布を作る。
2 1と後側表布、まち表布にキルト綿・裏布を重ねてキルティングする。
3 前側のダーツを縫う。
4 まちとファスナーにタブをはさんで縫う。
5 前後側とまちを縫い、バイアス布で縫い代を始末する。
6 後側にショルダーひもをつける。

[配置図]

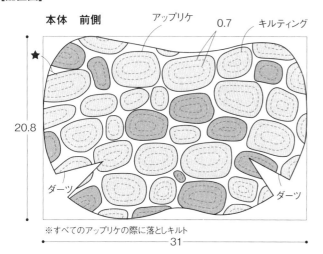

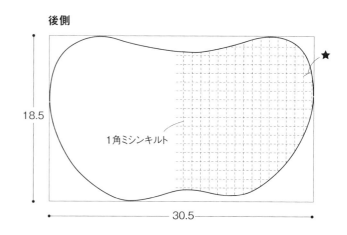

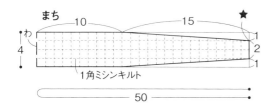

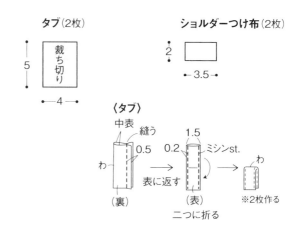

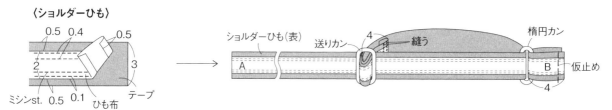

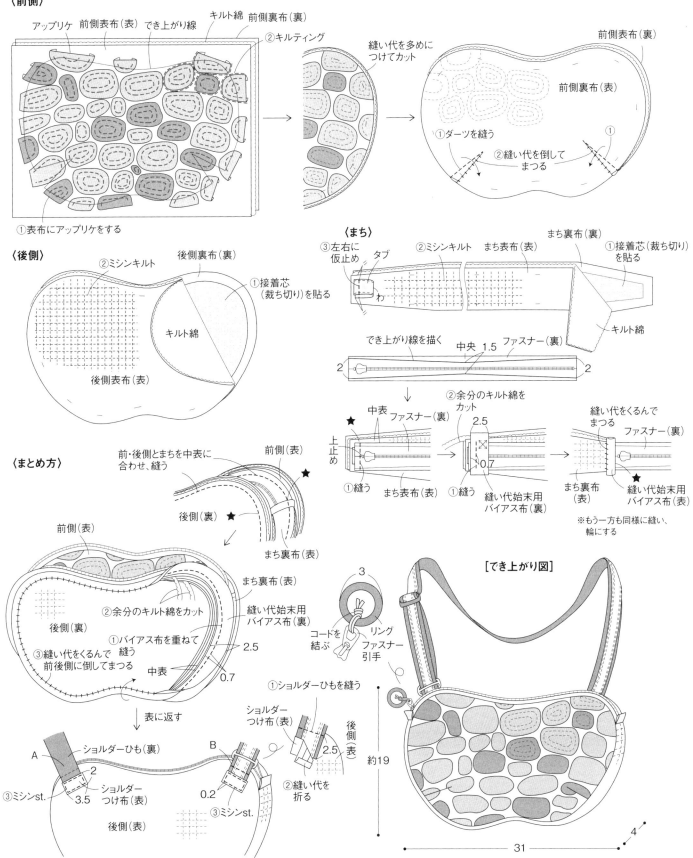

07 ハートと鳥のラウンドバスケット ›› p. 018　実物大型紙　巻末A面

[材料]
土台布・パッチワーク・アップリケ用布…スクラップ布を使用、底…紺チェック25×20cm、ハンドル表布…茶系プリント25×10cm、内側60×35cm、当て布・キルト綿各70×40cm、幅1.5cmジャバラテープ60cm、プラスチック中敷き18×12cm、厚地接着芯70×50cm、25番刺しゅう糸各色各適宜

[作り方]
1 パッチワーク、アップリケ、刺しゅうをして本体表布を作る。
2 1と底表布にそれぞれキルト綿・当て布を重ねてキルティングする。
3 本体を輪に縫い、接着芯を貼る。
4 本体と底を縫う。
5 内側を本体同様に縫う。
6 ハンドルを作る。
7 本体に中敷き・内側を入れる。ハンドルとジャバラテープをはさんでまつる。

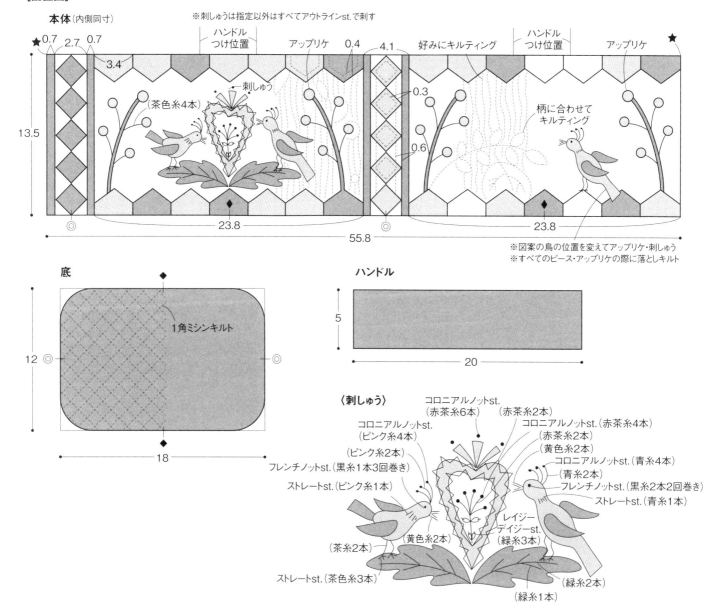

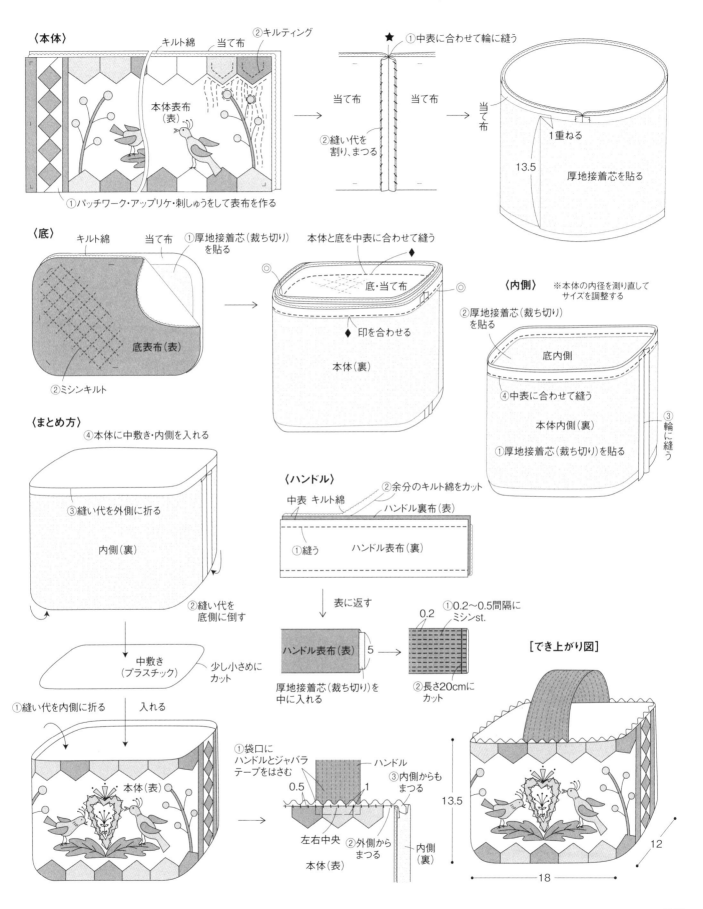

08 ふっくら鳥のファスナーポーチ　>> p.020　実物大型紙　巻末A面

[材料]
パッチワーク用布…スクラップ布を使用、持ち手布…茶系ストライプ30×10cm、裏布55×45cm、キルト綿55×50cm、20cm丈ファスナー1本、幅1.5cmのテープ6.5cm、薄地接着芯25×5cm

[作り方]
1 パッチワークをして本体AB表布と底表布を作る。
2 1と持ち手表布にそれぞれキルト綿・当て布を重ねて縫う。底にはテープをはさみ、キルティングをする。
3 本体と底を縫い合わせる。
4 ファスナーをつける。
5 本体端を持ち手ではさんでまつる。

[配置図]

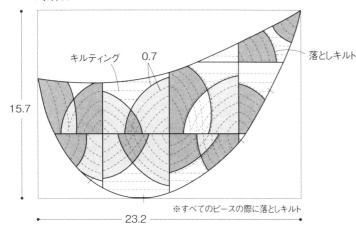

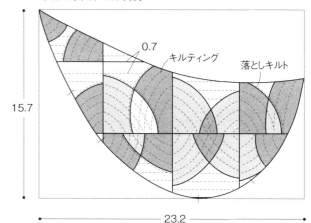

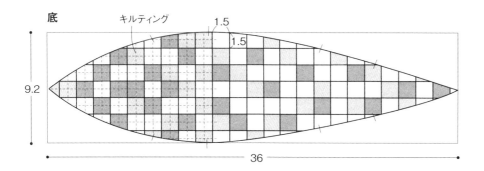

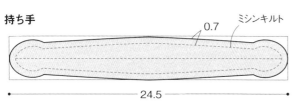

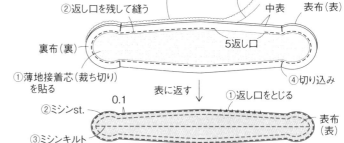

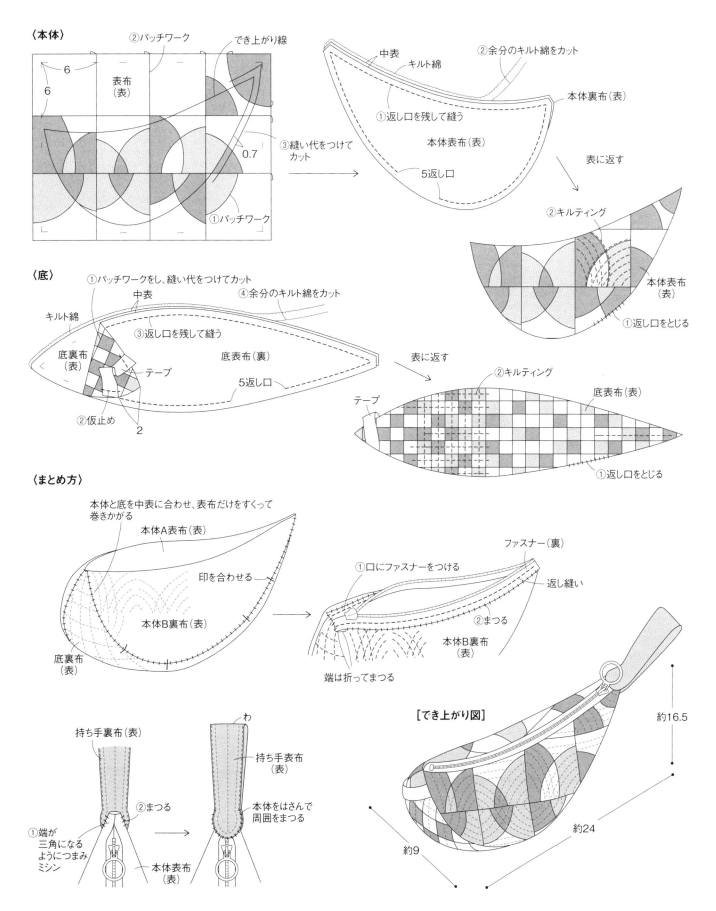

花モチーフのウッドハンドルバッグ ›› p.022　実物大型紙　巻末A面

[材料]
土台布…薄ベージュプリント80×40cm、アップリケ用布…スクラップ布を使用(持ち手つけ布を含む)、まち…ベージュむら染め90×10cm、裏布・キルト綿各90×50cm、縫い代始末用バイアス布2.5×60cm、内径8.3cm木製持ち手1組、接着芯10×10cm、厚地接着芯80×5cm、25番刺しゅう糸各色各適宜

[作り方]
1 土台布にアップリケ、刺しゅうをして前側表布を作る。
2 1と後側表布、まち表布にそれぞれキルト綿・裏布を重ねてキルティングする。
3 本体のダーツを縫う。
4 本体とまちを縫い合わせ、縫い代を始末する。
5 持ち手をつけ、縫い代を始末する。

[配置図]

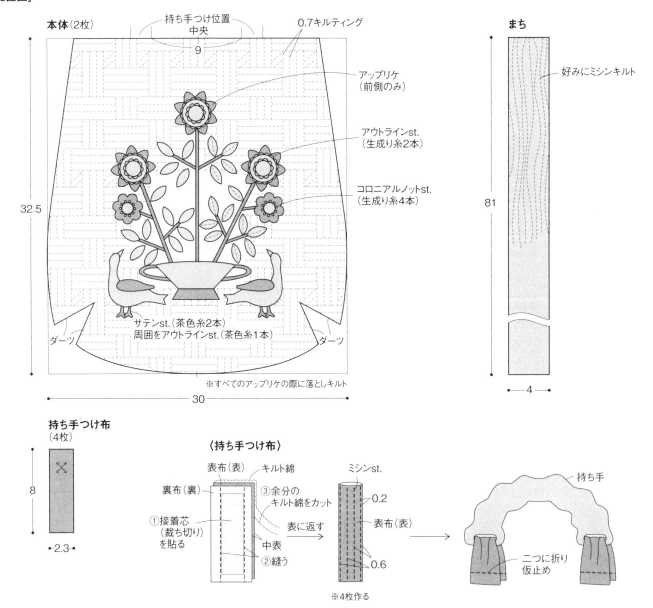

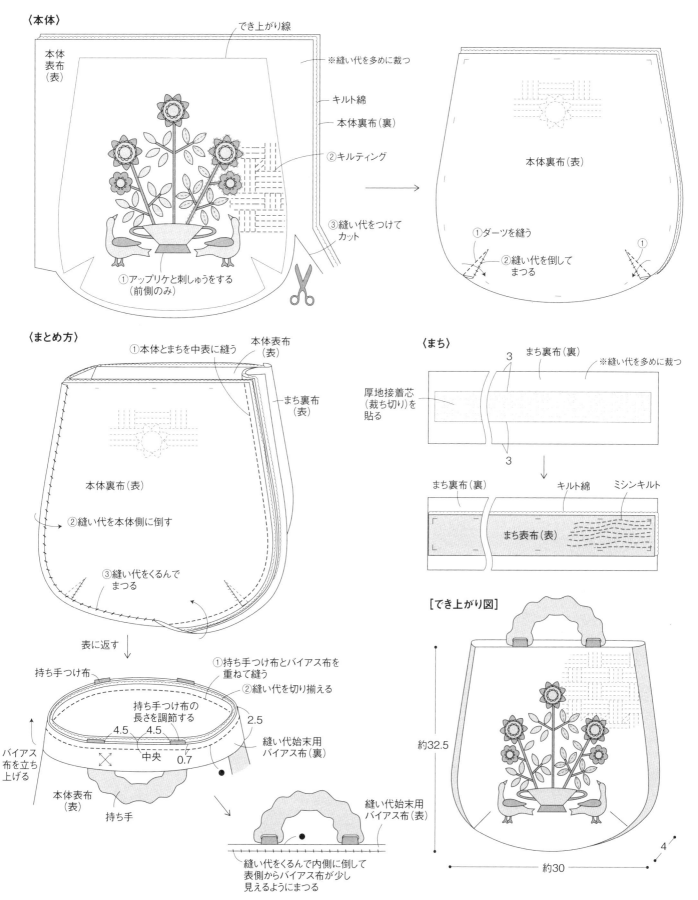

10 ミニマルシェバッグ　　>> p.024　実物大型紙　巻末A面

[材料]
パッチワーク・アップリケ用布…スクラップ布を使用、底…こげ茶先染め35×20cm、持ち手…ツィード風(バイアス)40×10cm、裏布・キルト綿各100×50cm、当て布35×20cm、バインディング布(バイアス)…3.5×90cm、ドミット芯40×15cm、ワックスコード(太)80cm、厚地接着芯60×30cm、両面接着シート30×15cm

[作り方]
1 パッチワーク、アップリケをして本体表布を2枚作る。
2 1と底表布にそれぞれキルト綿・裏布を重ねてキルティングする。
3 本体2枚を合わせて脇を縫い、縫い代を始末する。タックをたたみ、仮止めする。
4 3と底を縫い合わせ、底裏布をまつる。
5 持ち手を2本作る。
6 袋口をバインディングする。
7 持ち手をつける。

[配置図]

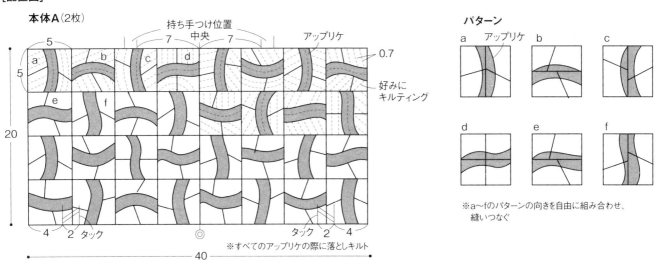

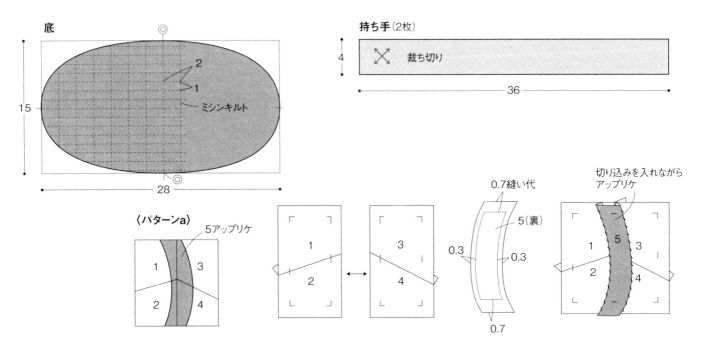

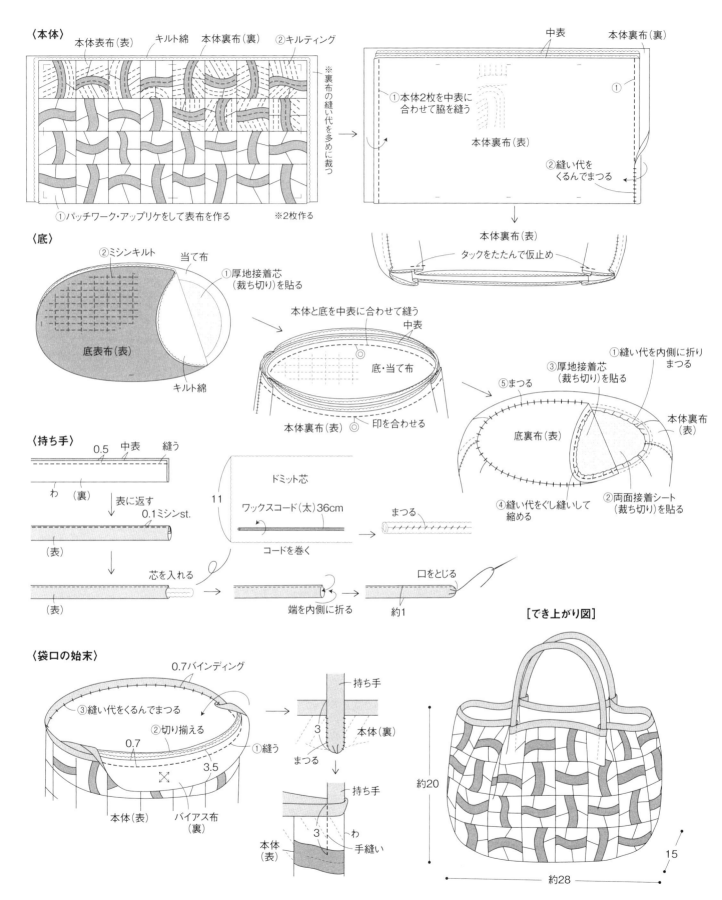

四角つなぎのバニティケース ›› p.026 実物大型紙 巻末A面

[材料]
パッチワーク用布…スクラップ布を使用(タブ・ファスナー飾り・バイアス布を含む)、バインディング布(バイアス)…グレー系ドット柄3.5×30cm、裏布・キルト綿各100×25cm、30cm丈両開きファスナー1本、直径1.3cmボタン4個、厚地接着芯20×15cm、縫い代始末用バイアス布2.5×110cm

[作り方]
1 パッチワークをして本体AB表布とふた表布を作る。
2 1、底表布、背面表布にそれぞれキルト綿・裏布を重ねてキルティングする。
3 本体Aの下部分をバインディングし、AとBの間にファスナーをつける。
4 3とふたと底を縫い合わせ、縫い代を始末する。
5 4と背面にタブをはさんで縫い合わせる。縫い代を始末する。

[配置図]

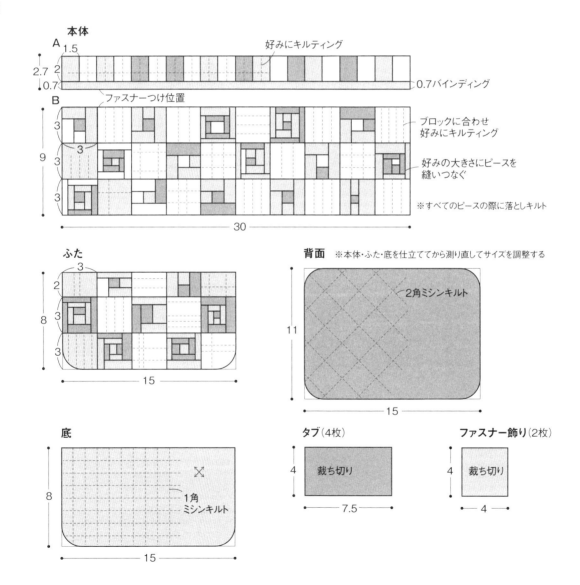

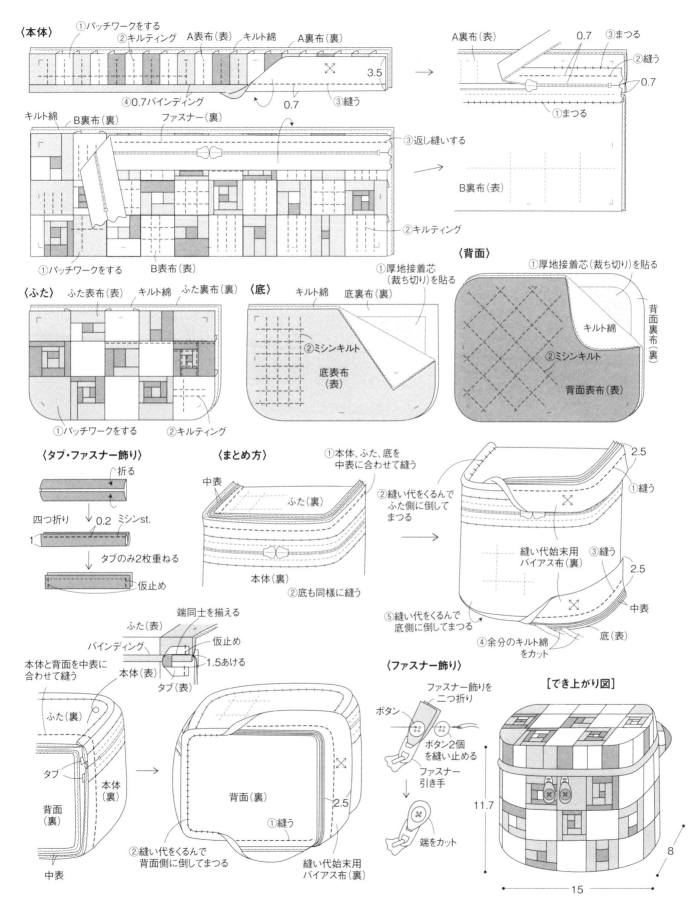

12 花かごのミニキルト　›› p.028　実物大型紙　巻末B面

[材料]
土台布…ベージュプリント50×50cm、アップリケ用布…スクラップ布を使用、裏布・キルト綿各50×50cm、縫い代始末用バイアス布2.5×170cm、25番刺しゅう糸各色各適宜

[作り方]
1 アップリケ、刺しゅうをして表布を作る。
2 1にキルト綿・裏布を重ねてキルティングする。
3 2の周囲に縫い代始末用バイアス布を縫い、縫い代をくるんで裏側に倒してまつる。

[配置図]

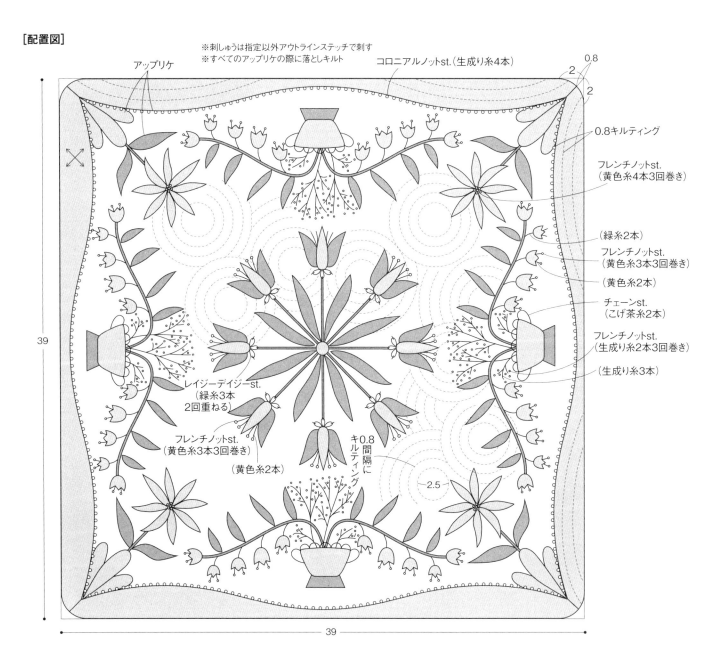

〈周囲の始末〉

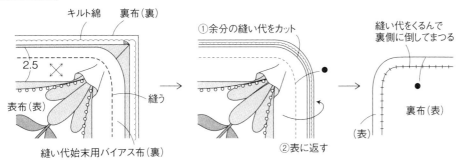

P83 14 スクエアミックスのタペストリー

〈周囲の始末〉

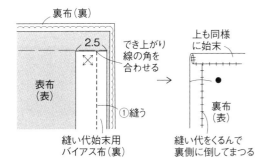

〈トラプント・コーディング〉

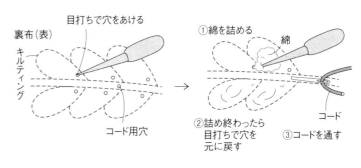

刺しゅうの基礎

〈チェーンステッチ〉

〈アウトラインステッチ〉

〈ストレートステッチ〉

〈サテンステッチ〉

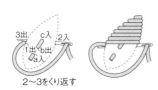

〈フレンチノットステッチ〉

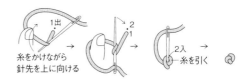

〈レイジーデイジーステッチ〉

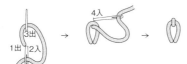

〈コロニアルノットステッチ〉

13 花いっぱいのバッグ　>> p.030　実物大型紙　巻末B面

[材料]
パッチワーク・アップリケ用布…グレー系75×30cm・茶色チェック(底・口布を含む)110×30cm・スクラップ布を使用(花のモチーフを含む)、裏布・キルト綿各100×60cm、内径約10cm持ち手1組、直径0.5cmカットビーズ32個、当て布20×15cm、厚地接着芯20×20cm、両面接着シート20×10cm、縫い代始末用バイアス布2.5×70cm

[作り方]
1. 花のモチーフを作る。
2. パッチワークをして本体表布を6枚作る。
3. 2、口布表布にそれぞれキルト綿・裏布を重ねて縫い、キルティングする。
4. 本体2枚を縫い、表の縫い目の上にアップリケをする。6枚を縫いつなぐ。
5. 底表布にキルト綿・当て布を重ねてキルティングする。
6. 底と本体を縫い合わせ、裏布をまつる。
7. 袋口に口布と持ち手を縫い、縫い代を始末する。
8. 花のモチーフを縫い止める。

[配置図]

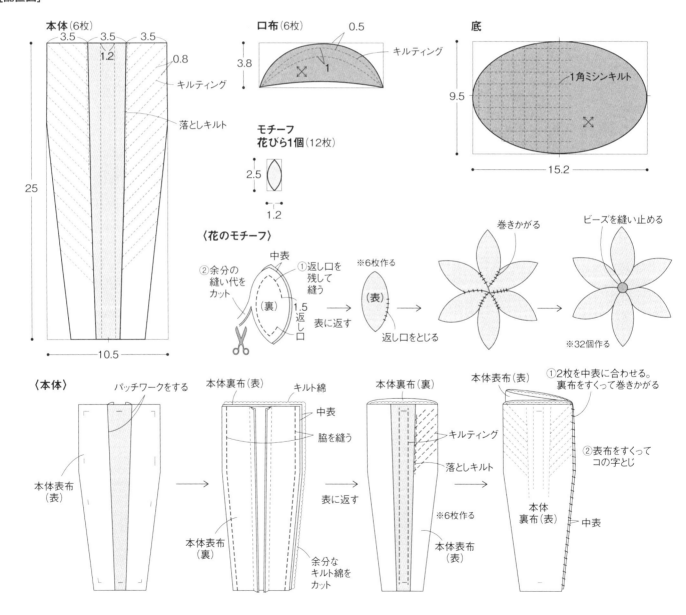

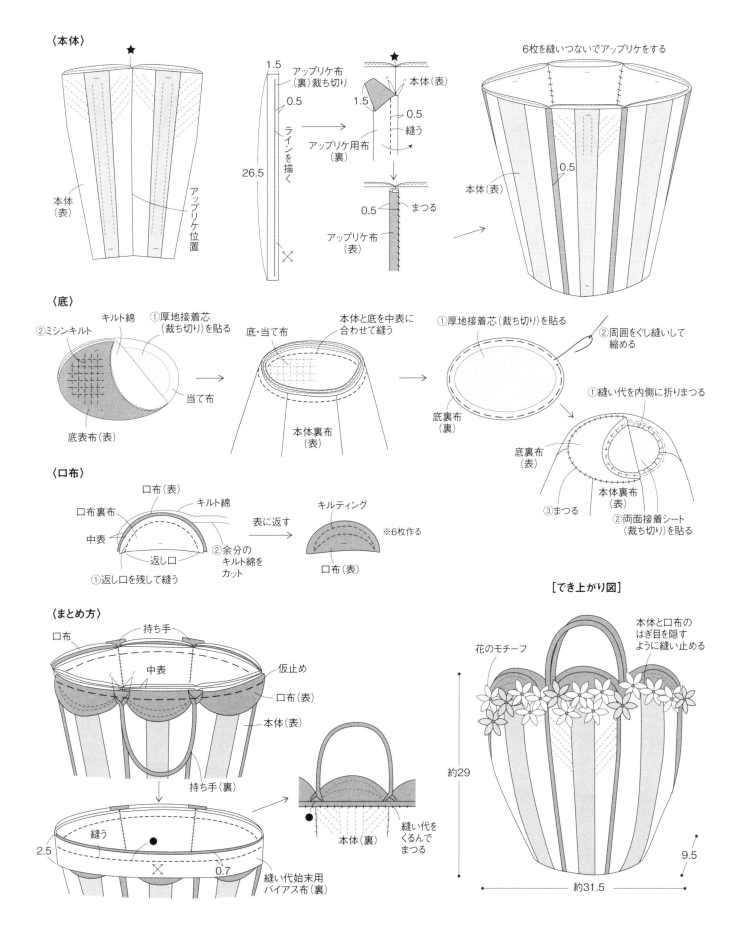

花と花冠のキルト ›› p.014　実物大型紙　巻末A面

[材料]
土台布…薄グレー葉プリント110×110cm、アップリケ用布…スクラップ布を使用、裏布・キルト綿各110×110cm、バインディング布（バイアス）3.5×450cm、25番刺しゅう糸紺適宜

[作り方]
1　アップリケ、刺しゅうをして表布を作る。
2　1にキルト綿・裏布を重ねてキルティングする。
3　2の周囲をバインディングする。

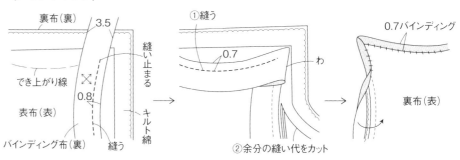

[配置図]

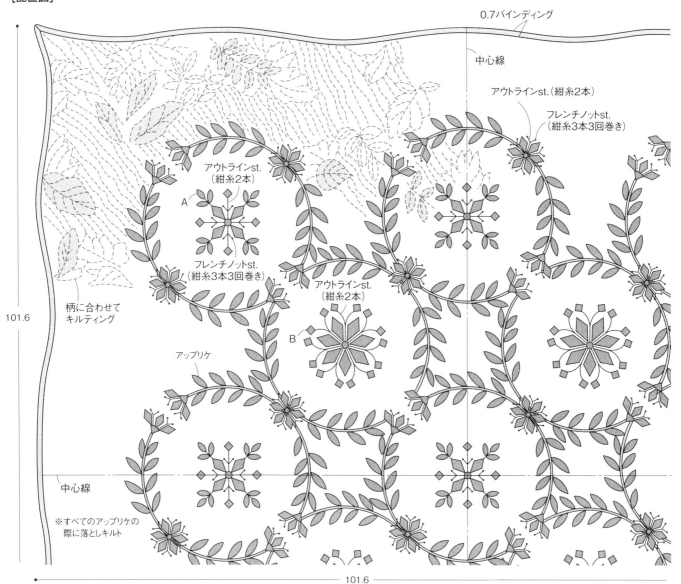

14 スクエアミックスのタペストリー　›› p.032　実物大型紙　巻末B面

[材料]
パッチワーク用布…濃グレープリント300×110cm、薄グレーチェック150×110cm、裏布・キルト綿各110×260cm、縫い代始末用バイアス布…2.5×500cm、トラプント用：コード500cm・綿適宜

[作り方]
1. パッチワークをし、周囲にボーダーを縫い、表布を作る。
2. 1にキルト綿・裏布を重ねてキルティングする。
3. 周囲のフェザーのキルティングにトラプントする。※P79を参照
4. 3の周囲に縫い代始末用バイアス布を縫い、縫い代を裏側に倒してまつる。※P79を参照

[配置図]

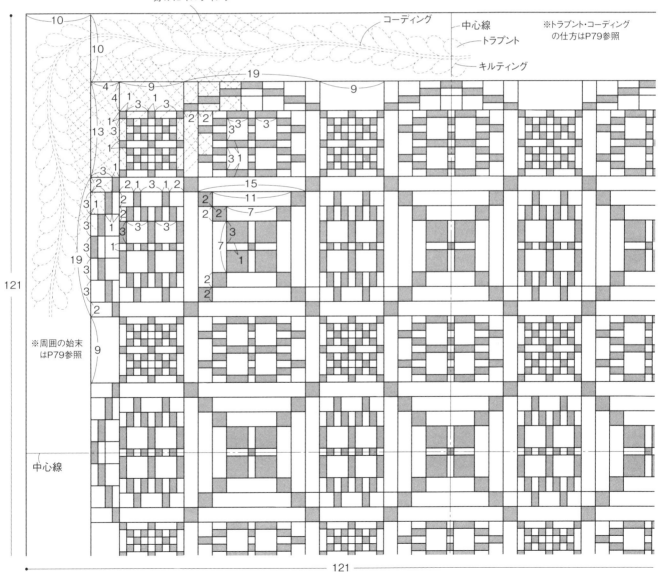

15 タック入りグラニーバッグ >> p.036

[材料]
本体…プリント(口布裏布、持ち手裏布を含む)110×40cm、裏布70×30cm

[作り方]
1 本体表布2枚をあき止まりからあき止まりまで縫う。
2 まちを縫う。
3 本体裏布を本体表布と同様に縫う。表布と裏布のまちの縫い代を重ねて縫う。あき口を縫う。
4 表布と裏布の袋口を一緒にしてタックをたたんで仮止めする。
5 持ち手をはさんで口布を作り、4の袋口に縫う。

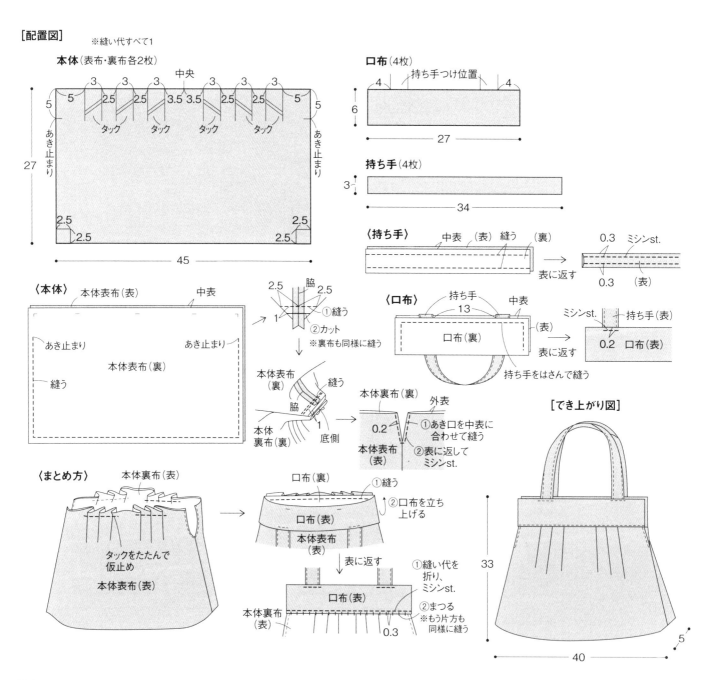

16 シンプルエコバッグ　>> p.037　実物大型紙　巻末B面

[材料]
本体…プリント（内ポケット含む）110×90cm、縫い代始末用バイアス布2.5×15cm、バイアス布…紺2.5×170cm

[作り方]
1 内ポケットを作り、本体に縫う。
2 本体2枚を合わせて脇と底を縫う。
3 まちを縫い、縫い代を始末する。
4 持ち手部分を縫う。
5 バイアス布で袋口を始末する。

[配置図]

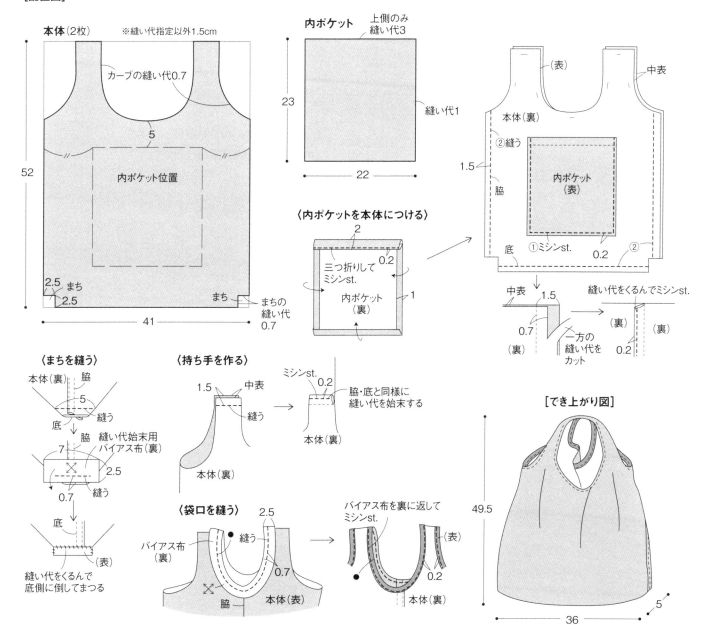

17 横長ミニボストン　›› p. 038　実物大型紙　巻末B面

[材料]
本体…プリント110×100cm、タブ…紺プリント20×10cm、裏布110×110cm、40cm丈ファスナー1本、薄地接着芯95×10cm

[作り方]
1 持ち手とポケットを各2枚作る。
2 本体にポケット、持ち手、底布を縫う。
3 内ポケットを作り、裏布に重ねて仕切りを縫う。
4 2と3を合わせて周囲を仮止めし、縫う。
5 タブを作る。まちAにファスナーをつけ、タブをはさんでまちBを縫い合わせる。
6 4と5を縫い合わせる。縫い代を始末する。

[配置図]

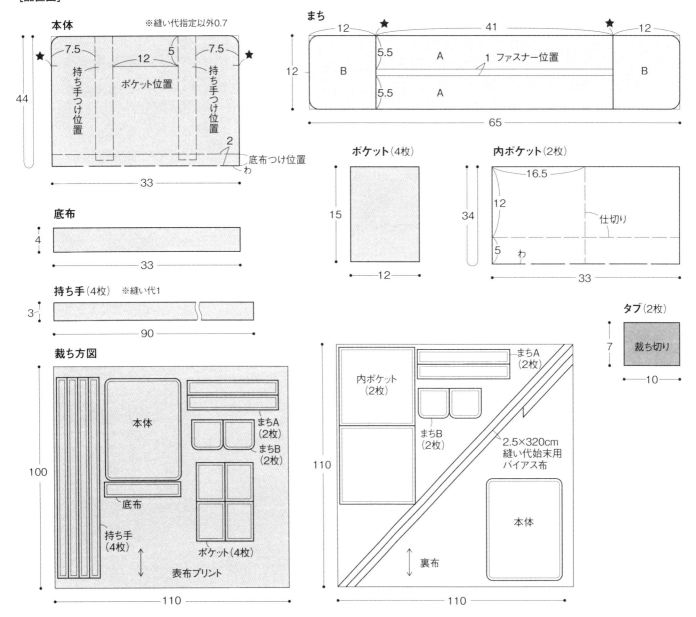

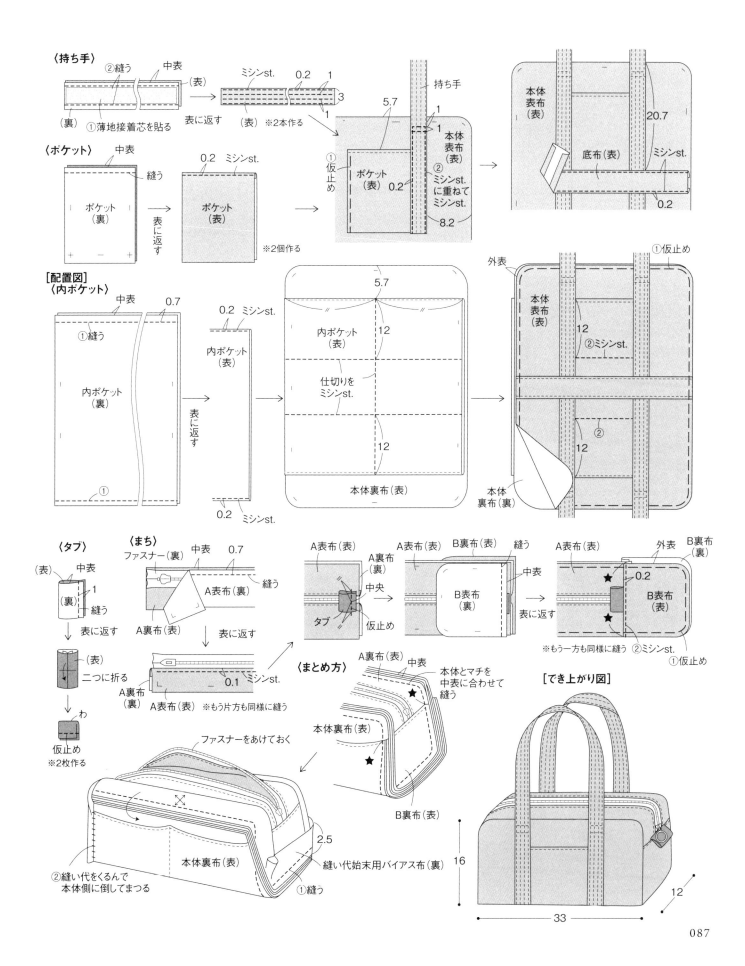

糸巻きと花の持ち手つきポーチ ›› p.040   実物大型紙 巻末B面

[材料]
本体…茶色チェックネル30×25cm・アップリケ用布…スクラップ布を使用(タブ・持ち手を含む)、まち…黒ストライプネル40×20cm、裏布・キルト綿各50×40cm、20cm丈ファスナー1本、ボタン2個、縫い代始末用バイアス布2.5×140cm、接着芯35×20cm、25番刺しゅう糸各色各適宜

[作り方]
1 土台布にアップリケ、刺しゅうをして前側表布を作る。
2 1、後側表布、まちA・B表布にそれぞれキルト綿・裏布を重ねてキルティングする。
3 まちAにファスナーをつける。
4 3とまちBにタブをはさんで縫う。縫い代を始末する。
5 前後側とまちを縫い合わせる。縫い代を始末する。
6 持ち手を作り、まちに縫い止めてボタンをつける。

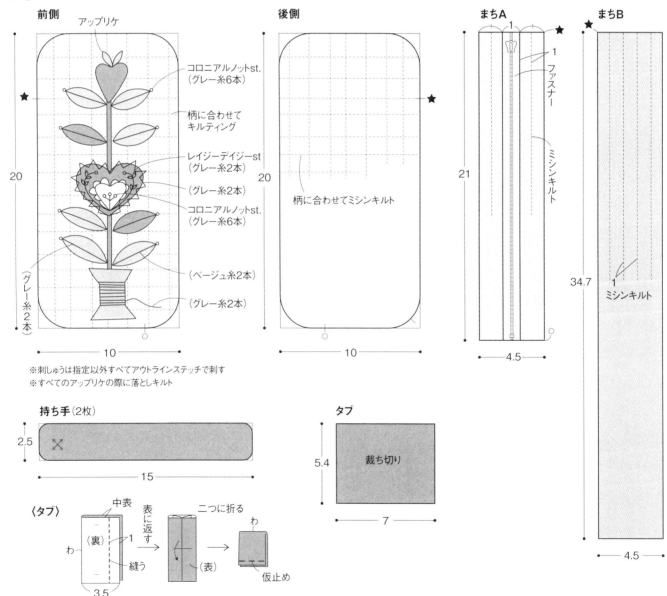

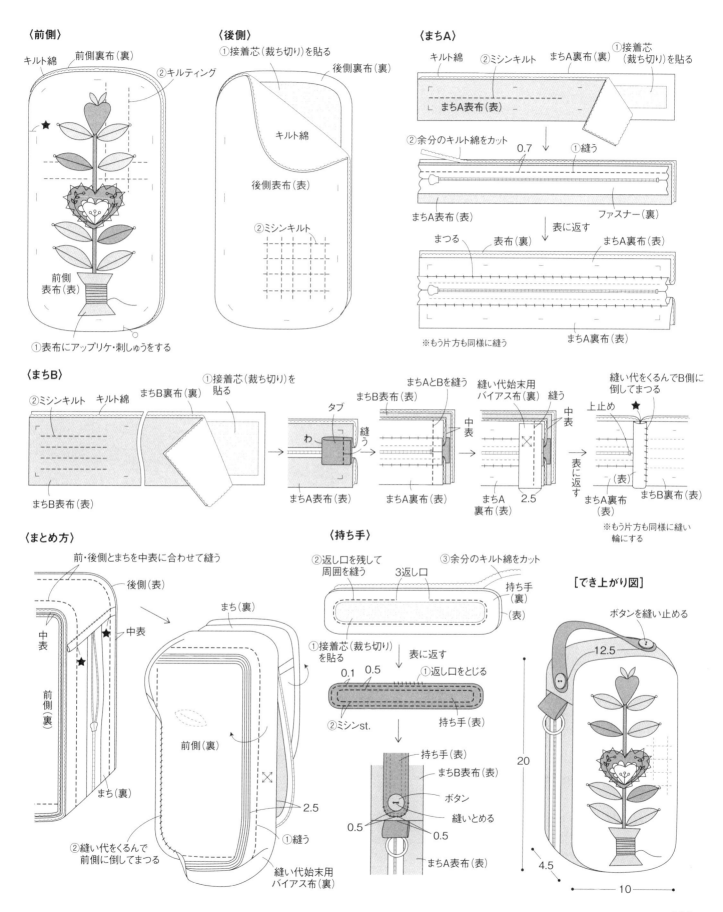

たっぷりまちのショルダーバッグ　›› p.042　実物大型紙　巻末B面

[材料]
パッチワーク用布…スクラップ布を使用、後側・まち用布…グレー系チェック80×45cm、口布・マグネット用タブ・持ち手用タブ…黒系チェック50×50cm、縫い代始末用バイアス布…黒系チェック幅2.5×70cm、裏布・キルト綿45×80cm、薄地接着芯15×10cm、中厚地接着芯10×10cm、厚地接着芯70×10cm、直径1.5cmマグネットボタン1組、幅4.5cm黒の革持ち手1本

[作り方]
1 パッチワークをして前側表布を作る。
2 1にキルト綿・裏布を重ねてキルティングする。
3 後側表布・キルト綿・裏布を重ねてミシンキルトする。
4 2、3それぞれタックをたたんで口布と縫い合わせ、縫い代を始末する。
5 まちと口布を縫い合わせ、キルト綿を重ねて縫い、ミシンキルトする。
6 前・後側とまちを縫い合わせ、マグネット用タブをつけ、持ち手をつける。

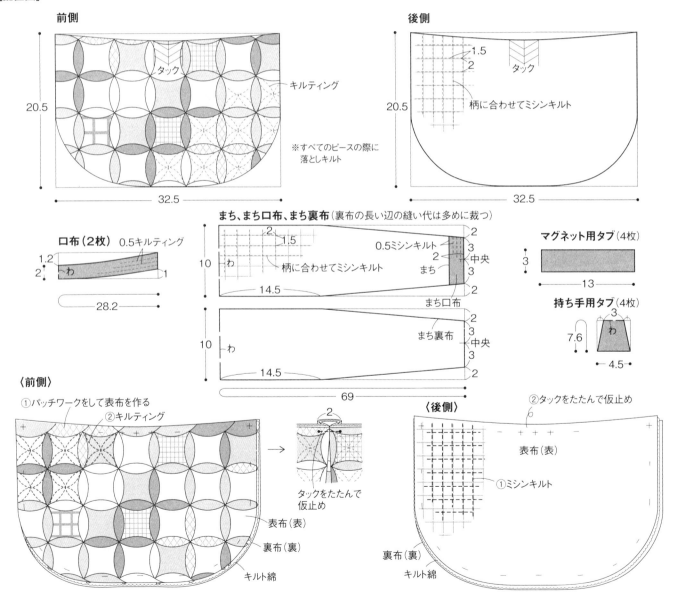

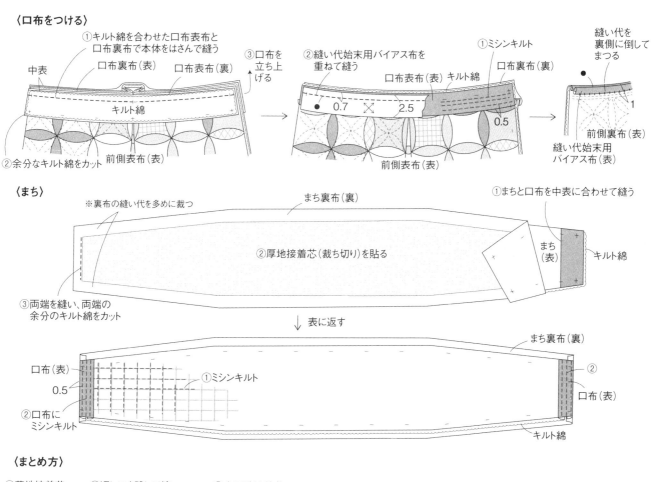
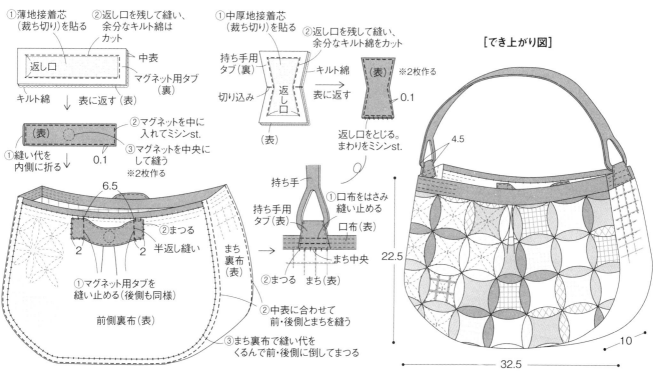

20 フラップつきショルダーバッグ ›› p.044　実物大型紙　巻末B面

[材料]
パッチワーク用布…スクラップ布を使用、前後側・まち表布・ふた押さえ布…黒系ストライプ70×40cm、裏布(留め具用当て布を含む)90×70cm、キルト綿90×40cm、ふた用当て布30×25cm、薄地接着芯90×30cm、厚地接着芯65×10cm、両面接着シート25×25cm、ワックスコード用布(バイアス)…黒系ストライプ2.5×65cm、直径0.3cmワックスコード65cm、縫い代始末用バイアス布…2.5×60cm、4cm幅グレーのベルトテープ150cm、5cm幅送りカン・楕円カン各1個、0.8×2.5cmのひねり金具1組

[作り方]
1 パッチワークをしてふたを作る。
2 1にキルト綿・当て布を重ねてキルティングする。パイピング(コード入り)と裏布を重ねて縫い、表に返す。両面接着シートを入れる。
3 前・後側はそれぞれ表布・キルト綿・裏布を重ねて縫い、縫い代を始末する。
4 後側にふた・ふた押さえ布を重ねて縫い、内ポケットをつける。
5 まち表布・裏布を重ね、ベルトテープをはさんで縫う。
6 本体とまちを縫い合わせ、縫い代を始末する。
7 金具をつけ、ベルトをカンに通して縫う。

[配置図]

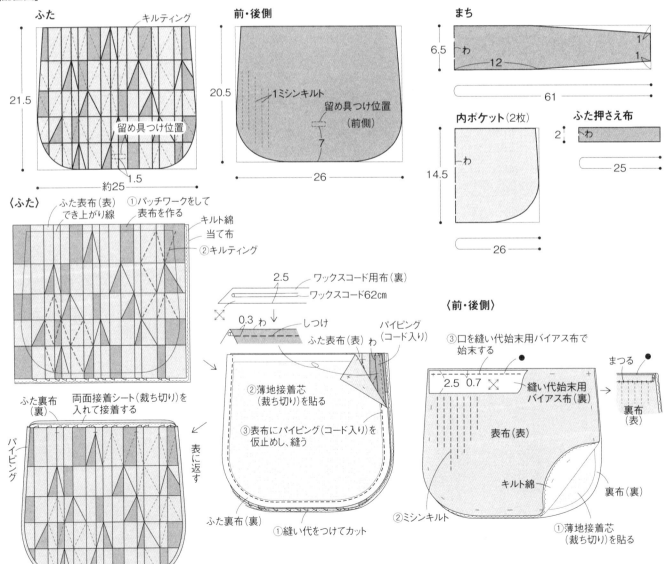

〈後側にふた・内ポケットをつける〉

ふた(表)

②ふた・ふた押さえ布を重ねて縫う

1.5　0.2　2.2
ふた押さえ布(表)　0.5
後側表布(表)　2
①薄地接着芯(裁ち切り)を貼る
キルト綿

縫う
内ポケット(裏)
内ポケット(表)　中表

→表に返す→
(表)　ミシンst. 0.2

ふた裏布(表)
後側裏布(表)
内ポケット(表)　②仕切りを縫う
①仮止め

〈まち〉

※裏布の縫い代は多めに裁つ
まち裏布(裏)　楕円カン　キルト綿
③長さ146のベルトテープをはさむ
①厚地接着芯(裁ち切り)を貼る
②長さ6のベルトテープに楕円カンを通して二つ折し、端を仮止め
わ　4
まち表布(表)
④両端を縫い、余分なキルト綿をカット

↓表に返す

まち裏布(裏)
②ミシンキルト　まち表布(表)　①
0.1　1
①ミシンst.

〈まとめ方〉

ベルトテープ(ショルダーベルト)
ふた裏布(表)
後側裏布(表)
まち裏布(表)
内ポケット(表)
①中表に合わせて本体とまちを縫う
②まち裏布で縫い代をくるんで本体側に倒してまつる

楕円カン　送りカン
3.5
送りカンを通して折って縫う

ふたの金具つけ位置にミシンを2周かけ、穴をあけてセットする
ふた(表)
金具 1.5

5
2
留め具用当て布(裏)
厚地接着芯(裁ち切り)を貼る
前側裏布(表)
当て布(表)
内側にまわりを折った当て布をまつる

前側表布(表)
7
底中央前側に金具をつける

[でき上がり図]

20.5
25
6.5

外ポケットつきボストンバッグ　›› p.046　実物大型紙　巻末B面

[材料]
パッチワーク…スクラップ布を使用(タブ・くるみ布を含む)、本体・口布・まち表布…茶色チェック100×70cm、後ポケットの裏布と表布・前ポケットの裏布…こげ茶80×50cm、裏布80×60cm、縫い代始末用バイアス布2.5×240cm、キルト綿80×80cm、接着芯50×10cm、厚地接着芯65×10cm、口布用バインディング布(バイアス)…茶色系ストライプ3.5×110cm、ポケット用バインディング布(バイアス)…黒系ストライプ3.5×75cm、46.5cm丈ファスナー1本、直径2cmマグネットボタン1組、幅2.5cm黒の革持ち手1組、ワックスコード(細)10cm、チャーム1個

[作り方]
1　パッチワークをして前ポケットを作る。キルト綿・裏布を重ねてキルティングする。
2　後ポケット表布にキルト綿・裏布を重ねて縫う。
3　本体表布にキルト綿・裏布を重ねて縫い、ポケットを仮止めする。
4　口布表布にキルト綿・裏布を重ねて縫い、バインディングする。ファスナーをつけ、タブを仮止めする。
5　まち表布にキルト綿・裏布を重ねて縫う。
6　口布とまちを縫い合わせる。
7　前・後側、口布、まちを縫い合わせ、縫い代を始末する。マグネットボタンを縫い止め、チャームをつける。

[配置図]

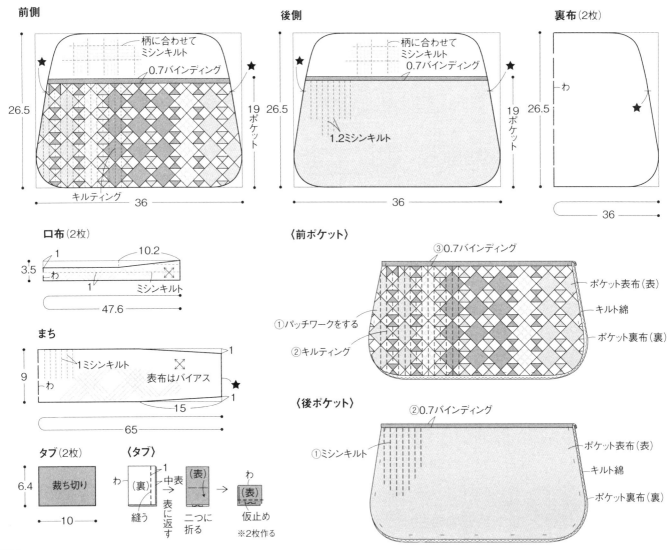

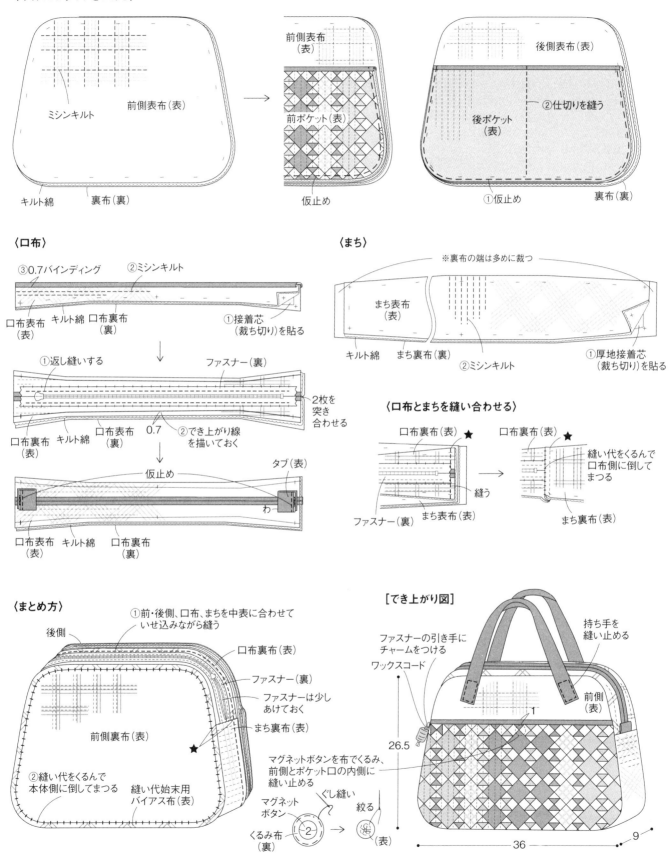

丸底のスタンドペンケース ›› p.048　実物大型紙　巻末B面

[材料]
パッチワーク用布・まち…スクラップ布を使用、底…うす茶10×10cm、裏布・キルト綿各40×40cm、縫い代始末用バイアス布2.5×80cm、タブ…幅2.5cmストライプ柄のテープ6cm、18cm丈ファスナー1本、薄地接着芯5×5cm、中厚地接着芯10×10cm

[作り方]
1 パッチワークをして本体表布を作る。
2 1に裏布・キルト綿を重ねて縫う。表に返してキルティングする。
3 ファスナーにまちを縫ってから本体と縫い合わせ、端を始末する。
4 底にミシンキルトする。
5 本体と底を縫い合わせ、縫い代を始末する。

[配置図]

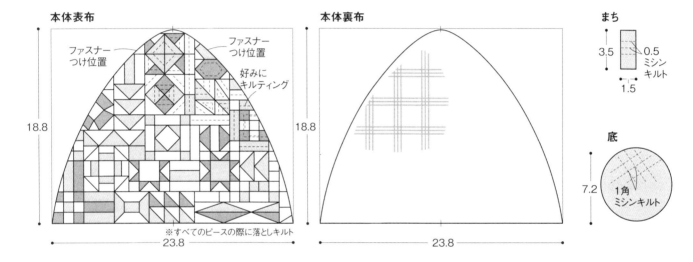

〈本体〉

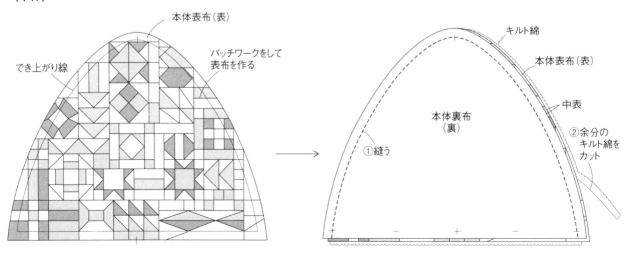

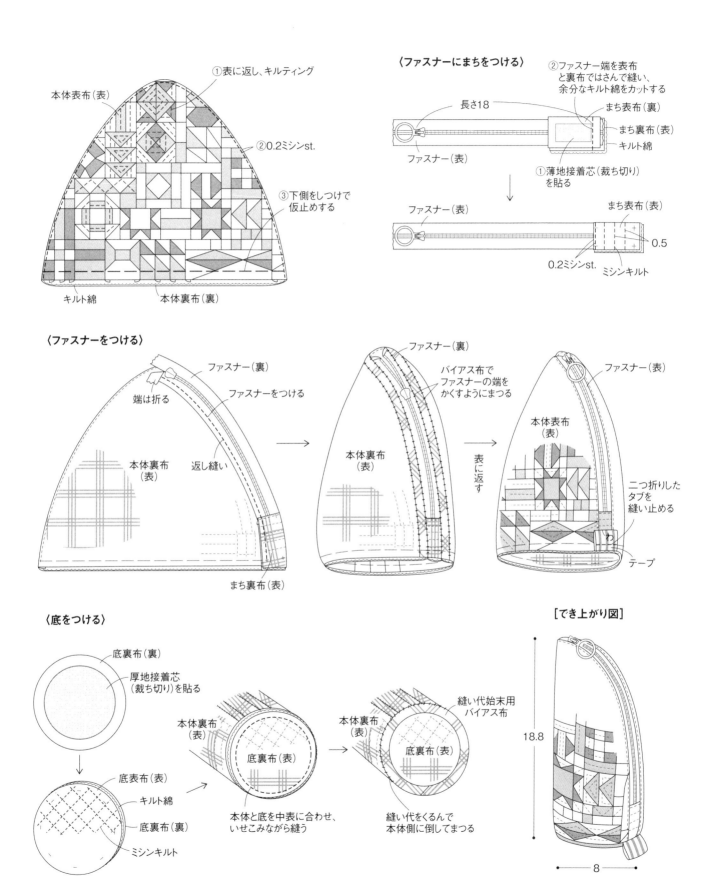

23 木々のメモパッドケース ›› p.049　実物大型紙　巻末B面

[材料]
パッチワーク・アップリケ・ペン差し用布
…スクラップ布を使用、外側布…茶色30×
30cm・茶系チェック（バイアス）40×10cm、
内側布60×50cm、キルト綿・当て布各40
×30cm、厚地接着芯60×25cm、ボード
23×16cmを2枚、5番刺しゅう糸各色各適宜、
接着剤適宜

[作り方]
1 パッチワーク・アップリケ・刺しゅうをし
　て表布を作り、キルト綿・当て布を重ねて
　キルティングし、ボードをのせてくるむ。
2 内側に中央布を貼り、ペン差しをつける。
3 仕切りとポケットを作り、土台布に重ねて
　縫う。
4 本体に土台布を貼る。

[配置図]

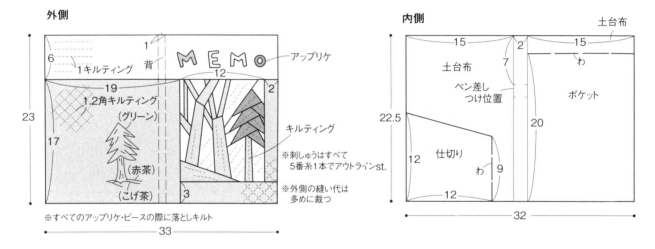

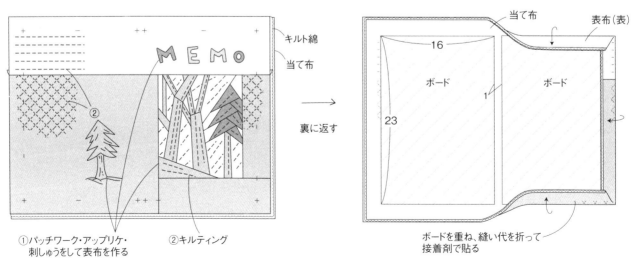

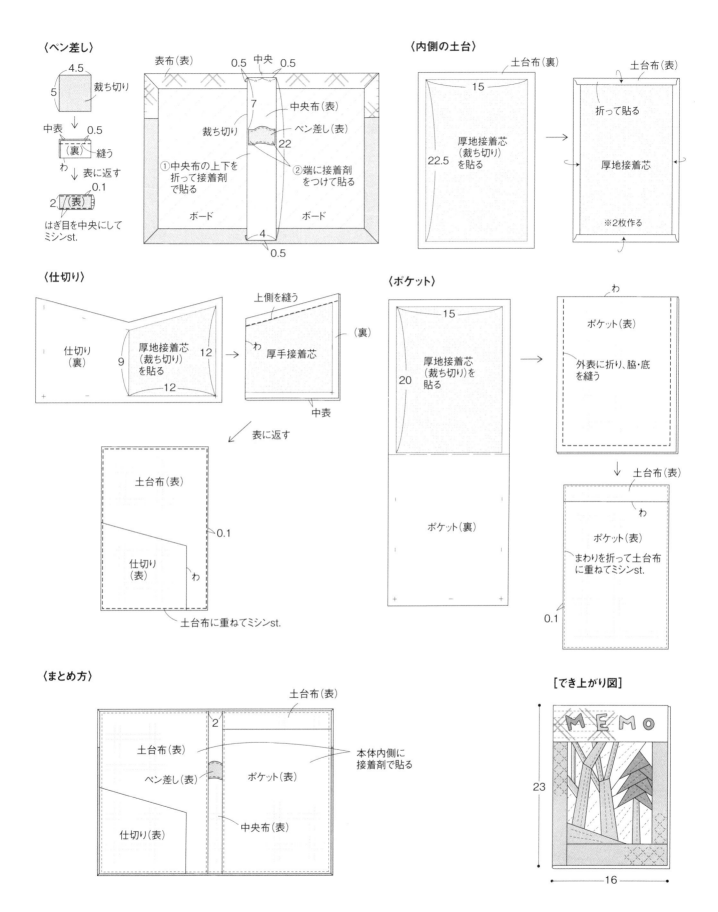

24 ネコとイヌのワンハンドルポーチ ›› p.050　実物大型紙　巻末B面

[材料]
アップリケ・タブ用布…スクラップ布を使用、前・後側用布…茶系とグリーン系プリント各25×20cm、ハンドル用布…茶系ドット柄25×20cm、裏布50×20cm、縫い代始末用バイアス布2.5cm×20cm、バインディング布（バイアス）3.5cm×20cmを2種、キルト綿35×35cm、14cm丈ファスナー1本、ワックスコード…太（タブ用）6cm・中太（ハンドル用）8cm・細（ファスナー飾り用）10cm、長さ4cmのトグルボタン1個、長さ2cmのビーズ1個、25番刺しゅう糸各色各適宜

[作り方]
1. タブとハンドルを作る。
2. アップリケ、刺しゅうをして表布を作り、底を縫い合わせ、キルト綿・裏布を重ねてキルティングする。
3. 口をバインディング始末し、ファスナーをつける。
4. 脇を縫い、底にまちを縫う。
5. ファスナー脇のまちを縫い、タブ・ハンドルに差し込んで縫う。
6. ファスナー飾りをつける。

[配置図]

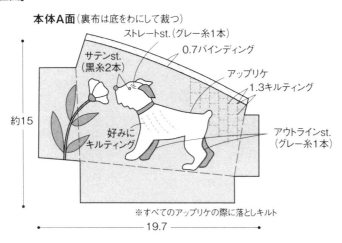

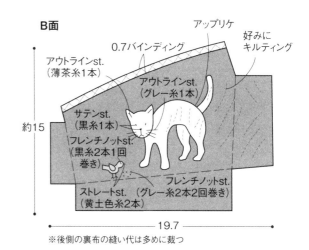

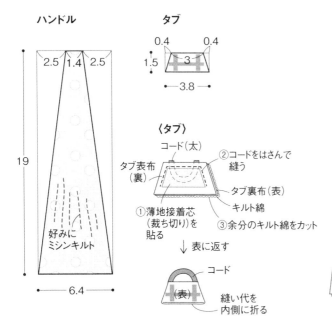

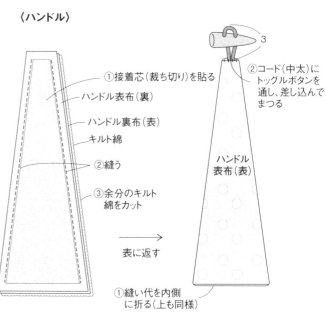

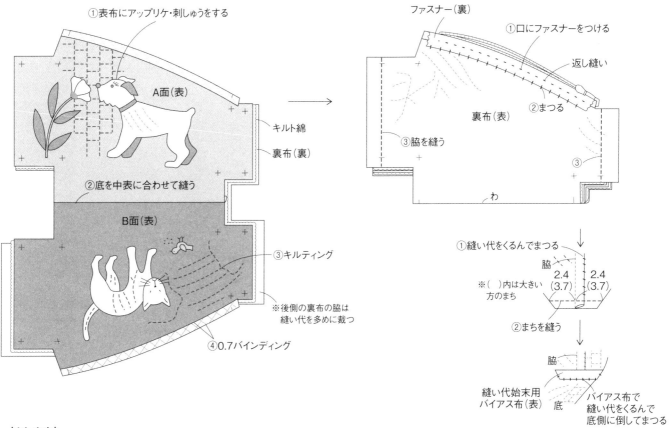
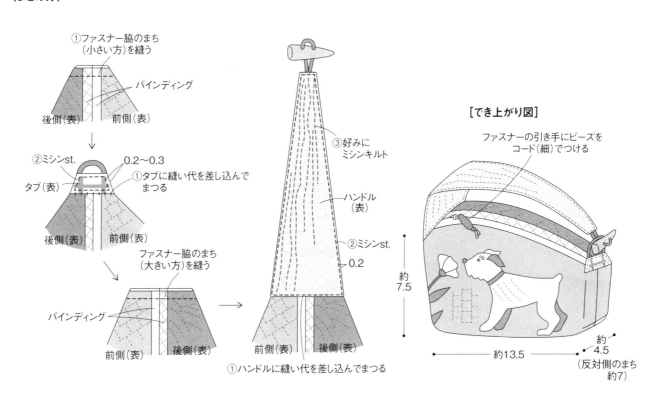

25 動物アップリケのカードケース ›› p.052　実物大型紙　巻末B面

[材料]
(順にネコ・イヌ・フクロウ)
アップリケ・ひも止め布…スクラップ布を使用、下側表布と裏布…茶系チェック・グレー系チェック・ベージュ系プリント各20×15cm、上側表布と裏布・後側表布と裏布…黄土色系ストライプ・茶系ドット柄・グリーン系チェック20×20cm、薄手キルト綿20×20cm(共通)、幅0.5cmのひも…黒・グレー・黄土色50cm、25番刺しゅう糸各色各適宜

[作り方]
1. 上側表布にキルト綿を重ねて縫う。
2. アップリケ、刺しゅうをして下側表布を作り、裏布・キルト綿を重ねて縫い、キルティングする。
3. 後側はひもをはさみ、キルト綿を重ねて縫う。
4. 前・後側を縫い合わせる。
5. ひも先を始末する。

[配置図]

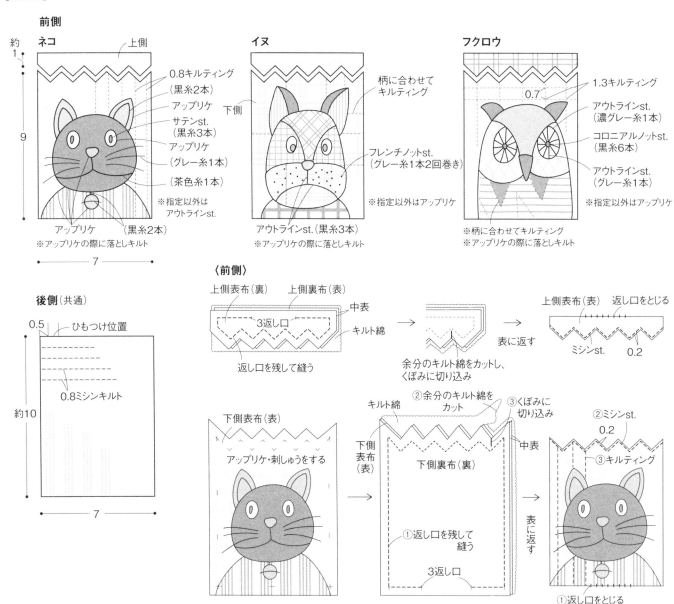

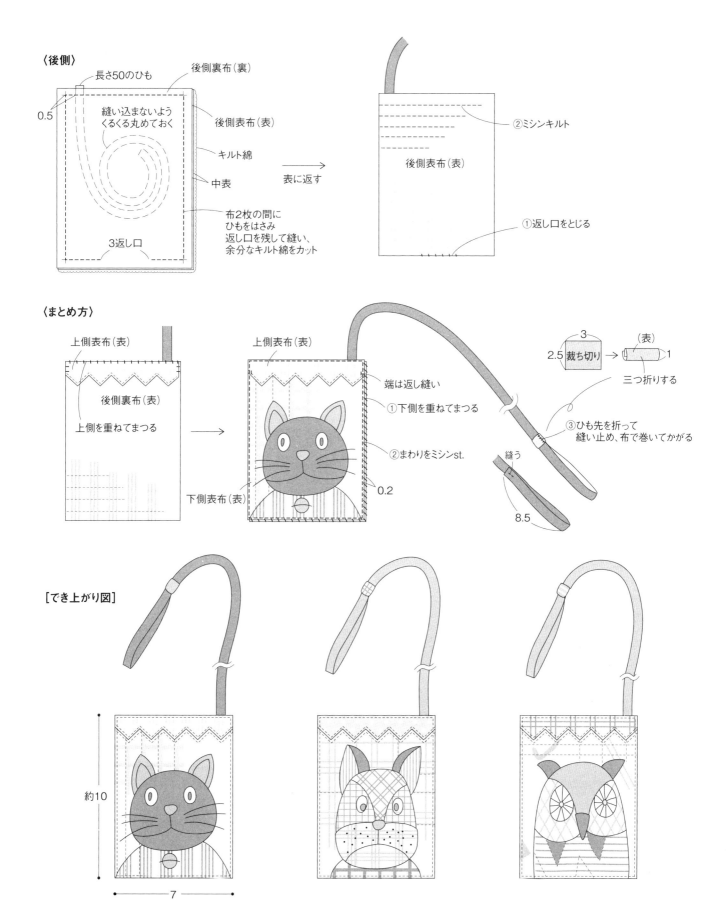

斉藤謡子

パッチワークキルト作家。トーンを大切にした配色と丁寧な作りの作品は、日本だけにとどまらず海外にも数多くファンを持つ。テレビ、雑誌などで幅広く活躍。千葉県市川市にてキルトショップ＆教室「キルトパーティ」を主宰。日本ヴォーグ社キルト塾、NHK文化センター講師などを務める。
著書に『斉藤謡子のトラディショナルパターンレッスン』、『斉藤謡子 お気に入りの布で作るキルト』(以上小社刊)など多数。

キルトパーティ（ショップ＆教室）
〒272-0034　千葉県市川市市川1-23-2 アクティブ市川2F
TEL047-324-3277　FAX047-325-2788
ホームページ　http://www.quilt.co.jp
Webショップ　http://shop.quilt.co.jp

作品制作／山田数子、細川憲子、白石千恵子

STAFF
撮影／石井宏明
スタイリスト／井上輝美
ブックデザイン／竹盛若菜
トレース／tinyeggs studio 大森裕美子
編集協力／鈴木さかえ、吉田晶子
編集担当／代田泰子、石上友美

撮影協力／AWABEES
　〒151-0051　渋谷区千駄ヶ谷3-50-11明星ビルディング5F
　TEL03-5786-1600
　UTUWA
　〒151-0051　渋谷区千駄ヶ谷3-50-11明星ビルディング1F
　TEL03-6447-0070

あなたに感謝しております
We are grateful.
手づくりの大好きなあなたが、
この本をお選びくださいましてありがとうございます。
内容はいかがでしたでしょうか？
本書が少しでもお役にたてば、こんなにうれしいことはありません。
日本ヴォーグ社では、手づくりを愛する方とのお付き合いを大切にし、
ご要望にお応えする商品、サービスの実現を常に目標としています。
小社並びに出版物について、何かお気づきの点やご意見がございましたら、
なんなりとお申し付けください。
そういうあなたに私共は常に感謝しております。
　　　　株式会社日本ヴォーグ社 社長　瀬戸信昭
FAX03-3269-7874

斉藤謡子 私のキルト

発行日／2017年1月15日
発行人／瀬戸信昭
編集人／今ひろ子
発行・発売／株式会社日本ヴォーグ社
〒162-8705 東京都新宿区市谷本村町3-23
TEL／03-5261-5083（編集）　TEL／03-5261-5081（販売）
振替　00170-4-9877
出版受注センター　TEL／03-6354-1155　FAX／03-6324-1313
印刷所／株式会社東京印書館
Printed in Japan　©Yoko Saito 2017
ISBN978-4-529-05656-4-C5077
NV70401

●本書の複写にかかる複製、上映、譲渡、公衆送信（送信可能化を含む）は株式会社日本ヴォーグ社が管理の委託を受けています。
JCOPY ＜(社)出版者著作権管理機構 委託出版物＞
●本書の無断複写は著作権法上での例外を除き禁じられています。複写される場合は、そのつど事前に、(社)出版者著作権管理機構（電話 03-3513-6969、FAX 03-3513-6979、E-mail: info@jcopy.or.jp）の許諾を得てください。
●万一、乱丁本、落丁本がありましたら、お取り替えいたします。お買い求めの書店か、小社販売部へお申し出ください。
〈(株)日本ヴォーグ社販売部〉TEL.03-5261-5081　FAX.03-3269-8760

日本ヴォーグ社関連情報はこちら
（出版、通信販売、通信講座、スクール・レッスン）
http://www.tezukuritown.com/　手づくりタウン　検索